石湖暮色

天镜微波

古塔春晓

楞伽樱语

〔明〕 唐寅《行春桥图》

〔明〕 文徵明《石湖泛月图》

石湖名贤范成大

姜本红 朱俊霞 白帅敏 编著

苏州大学出版社
Soochow University Press

图书在版编目(CIP)数据

石湖名贤范成大/姜本红,朱俊霞,白帅敏编著.—苏州:苏州大学出版社,2017.12
 ISBN 978-7-5672-2261-8

Ⅰ.①石… Ⅱ.①姜… ②朱… ③白… Ⅲ.①范成大(1126-1193)-传记 Ⅳ.①K825.6

中国版本图书馆CIP数据核字(2017)第251478号

书　　名：	石湖名贤范成大
编　　著：	姜本红　朱俊霞　白帅敏
责任编辑：	刘　海
装帧设计：	吴　钰
出版发行：	苏州大学出版社(Soochow University Press)
出 品 人：	张建初
社　　址：	苏州市十梓街1号　邮编:215006
印　　刷：	苏州工业园区美柯乐制版印务有限责任公司
	E-mail:Liuwang@suda.edu.cn　QQ:64826224
邮购热线：	0512-67480030
销售热线：	0512-65225020
开　　本：	700 mm×1 000 mm　1/16　印张:11.5　插页:2　字数:141千
版　　次：	2017年12月第1版
印　　次：	2017年12月第1次印刷
书　　号：	ISBN 978-7-5672-2261-8
定　　价：	29.00元

凡购本社图书发现印装错误,请与本社联系调换。服务热线:0512-65225020

序

  范成大,字至能,号石湖居士,是南宋著名的政治家,官至参知政事,又以诗文闻名于世。为官期间,他出使金国不辱使命,彰显大国气度;身在朝堂直言敢谏,不畏皇权;一生屡任封疆大吏,造福多方百姓;退隐石湖,著《四时田园杂兴》组诗。一代名贤范成大给我们留下了宝贵的精神遗产和文化遗产。

  石湖山水旖旎、生态和谐、文化底蕴深厚。苏州经贸职业技术学院地处石湖风景区,近年来,学院依托石湖范成大文化资源,构建生态校园文化。学院多次邀请专家、学者莅临指导,深入挖掘范成大文化精神内涵;在校园里建"成大广场",树范成大塑像;成立范成大文化研究所,深入开展范成大、石湖文化的研究工作;以"成大文化"为内容,全方位打造特色校园文化品牌。

  近年来,研究所通过文献调研和实地考察,寻访范成大遗迹,积极开展范成大文化相关问题的研究和宣传,推广范成大文化,弘扬范成大精神。《石湖名贤范成大》的付梓,是我校宣传推广范成大文化的又一可喜成果。

  编写《石湖名贤范成大》一书旨在对范成大的生平事迹进行梳理,体现他的民本思想和爱国之心。书中选取范成大的爱国诗、田园诗、苏州题咏诗、石湖词文等进行鉴赏,让读者在领略其高超的文学艺术的同时走进范成大的内心,与名贤一同体验人生,感悟生命的意义。本书还择取范成大的部分书法作品,展示其古雅飘逸的书法艺术。

这是一本名人文化普及读本,文字平实易懂。但同时也力求史实的准确性,叙事写人,不演绎,不杜撰。在党的十九大报告中,习近平总书记着重指出:"培育和践行社会主义核心价值观。……深入挖掘中华优秀传统文化蕴含的思想观念、人文精神、道德规范。"研究范成大、传承范成大的精神文化遗产正是经贸师生责无旁贷的使命。相信《石湖名贤范成大》的顺利出版,必将推进范成大与石湖文化的传承与发扬。

有感于此,聊以为序,并致以美好祝愿!

2017 年 11 月

前　言

　　范成大是南宋时期的苏州名人，因其诗名，被誉为"中兴四大诗人"。范成大能成为历史名人，不仅仅因为他的诗歌，在相当程度上还因为他的政绩、德行。他一生为官，勤勤勉勉，出将入相，意气风发，可以说在当时诗坛上官运如此亨通的人寥寥可数。范成大博闻强记的天赋和丰富的宦游阅历，使其成为百科全书式的渊博学者；作为南宋杰出的外交使节，范成大又是为数不多的临危不惧、智勇双全而又不辱使命的外交家。鲜为人知的是，范成大还是苏州历史名人中为数不多的社会学家和民俗学家、地理学家，他对各地的人文风俗有着深切的关心和详细的记载。作为"北宋第一"的书法家蔡襄的后代，范成大的书法温润典雅、俊伟清新，范成大亦因此而位列"南宋书法四大家"之一。

　　由于范成大一直在外做官、晚年归隐石湖、后代未出显达，所以他的一生在苏州人的心目中并不像同为苏州人的北宋名臣范仲淹那么引人注目。但范成大经营石湖，摹写石湖，成为苏州石湖前世今生中的重要一笔，石湖也因贤臣范成大而名闻天下。

　　本书介绍范成大的生平与文学、书法等方面的成就，旨在传播范成大的事迹，弘扬范成大的爱国爱民思想。笔者为苏州经贸职业技术学院范成大文化研究中心成员。

本书的出版得到了苏州市文化研究项目 SZ20160204 和苏州经贸职业技术学院科研项目 KY-ZS1613 的资助。在编写过程中,笔者借鉴、援引了前人的研究成果和信息资料,得到了苏州经贸职业技术学院人文社科与旅游管理学院和石湖景区管理处的大力支持,在此一并诚谢!由于各位撰写者都是忙碌在教学第一线的老师,时间、精力有限,书中不当之处在所难免,敬请各位专家学者和广大读者提出宝贵意见。

笔者
2017 年 8 月 15 日

目 录

范成大小传

出身世家　少年聪慧 / 3

连遭亲丧　十年不出 / 5

科举仕进　宦途沉滞 / 8

入杭为官　出使金国 / 10

地方大吏　仕宦高峰 / 21

　　南宅交广 / 21

　　西入巴蜀 / 26

　　东薄郧海 / 31

退隐石湖　赋闲家中 / 34

范成大诗文赏析

爱国诗 / 45

　　秋日二绝(其一) / 45

　　浙江小矶春日 / 47

　　代圣集赠别 / 49

　　赏心亭再题 / 51

　　胭脂井三首(其一) / 53

　　癸水亭落成,示坐客 / 55

题张戡蕃马射猎图 / 57

使金诗 / 60

汴河 / 60

宜春苑 / 63

州桥 / 65

蔺相如墓 / 67

真定舞 / 69

安肃军 / 71

清远店 / 73

山水行旅诗 / 76

番阳湖 / 76

冷泉亭放水 / 79

初入巫峡 / 80

三月二日北门马上 / 82

夜泊归舟 / 84

鄂州南楼 / 87

民俗诗 / 90

寒食郊行书事二首(其一) / 90

春日田园杂兴(其二) / 92

秋日田园杂兴(其二) / 94

冬日田园杂兴(其十二) / 95

冬春行 / 97

灯市行 / 100

照田蚕行 / 103

田园诗 / 106

缫丝行 / 106

催租行 / 109

春日田园杂兴（其二）/ 112

晚春田园杂兴（其三）/ 113

夏日田园杂兴（其一）/ 115

夏日田园杂兴（其七）/ 116

夏日田园杂兴（其十一）/ 117

秋日田园杂兴（其四）/ 119

秋日田园杂兴（其十一）/ 120

冬日田园杂兴（其十）/ 121

苏州题咏诗 / 124

半塘 / 124

横塘 / 125

初归石湖 / 127

春日田园杂兴（其七）/ 129

秋日田园杂兴（其七）/ 130

剑池 / 131

题夫差庙 / 132

石湖词 / 136

水调歌头 / 136

眼儿媚 / 139

惜分飞 / 141

南柯子 / 142

念奴娇 / 144

朝中措 / 146

石湖文 / 149

馆娃宫赋 / 149

重九泛石湖记淳熙六年九月 / 157

重修行春桥记 / 160

范成大书法

《尊妗帖》／165
《再游大仰五言诗并跋》／166
《浯溪题诗》／166
《碧虚铭》／167
《兹荷记念札》／168
《春晚晴媚帖》／168
《北齐校书图卷跋》／169
《明州赠佛照禅师诗碑》／170
《西塞渔社图卷跋》／171

主要参考文献／173

范成大小传

出身世家　少年聪慧

范成大(1126—1193),字至能,自号"此山居士",又号"石湖居士",世称"范石湖",南宋平江府吴县(今江苏苏州)人。相传范成大为春秋越国范蠡的后裔,与北宋贤臣、著名政治家、文学家范仲淹同宗不同族。范成大出身仕宦书香世家。范成大的

父亲范雩(yú)文采斐然,曾以《禹稷颜回同道论》名动一时,成为宣和六年的进士,官至秘书郎;母亲蔡氏,是北宋书法家蔡襄的孙女、四朝贤相文彦博的外孙女。范成大的父母非常重视教育,对他寄予厚望。范成大从小聪明,在母亲怀抱里时"已识屏间字",12岁时便遍读经史,14岁时开始创作诗文。

范成大出生那年正月,金军打到汴京(今河南开封)城下,逼宋朝议和后撤军。到了八月,金军又兵分两路攻打宋。闰十一月,金军攻破汴京,北宋灭亡,"靖康之变"由此发生。宋徽宗、宋钦宗被俘北上,康王赵构南渡,绍兴八年定都于临

安(今浙江杭州),史称南宋。

范成大出生在腐败不振、国家遭受金人侵略的北宋,成长在民族危机深重的南宋。范成大4岁那年,金兵渡江,一路南下,杀人越货,苏州、杭州被焚掠一空。早慧的范成大深感家国之痛,在心中埋下了爱国的种子。

连遭亲丧　十年不出

绍兴九年(1139),范成大14岁时,他的母亲去世了。16岁时,父亲除秘书省正字(秘书省为掌管图籍的官署。正字为秘书省官员,与校书郎一同负责校正书籍),全家赴临安(今杭州)居住。

在京城临安期间,范成大恰好处在"激情燃烧"的年龄,读书之余便纵情山水,结交好友。

1140年,15岁的范成大与临安净慧禅寺的禅僧举上人结交,并跟着举上人游历山林、寻访名刹。范成大一生都没有中断过与佛僧的交往,佛家思想也影响了其一生的行事。

1141年,金元帅完颜宗弼(金兀术)让前去讲和的南宋大臣魏良臣等回去,答应以淮水为界,开始与南宋讲和。1142年8月,根据和魏良臣达成的和约,宋高宗生母韦氏(显仁皇后)从金国回朝。南宋政权把这件事看作是个胜利,还让天下士人"献赋颂"。献赋颂的多达上千人,其中写得比较有文采的大概有400人。范成大当时17岁,他因颂词被评为前几名而被叫到宫内当众朗诵。魏良臣对有如此超群表现的范成大留下了深刻印象。

根据朝廷颁布的诏令,献赋扬名的范成大获得一次科举考试"免文解"的优待,即跳过地方考试直接参加礼部举行的省试。绍兴十二年(1142)范成大可以考省试,宋代科举一般3年一轮,下一届省试要到绍兴十五年(1145),如果不出意外,才华横溢的范成大极有可能在20岁那年就金榜题名。但是,献赋的第二年,父亲范雩突然病故,而母亲蔡氏先前已离世,一夜之间,范成大从春风得意的少年变成了无依无靠的孤儿。

根据宋代科举制度的规定,服丧期间的范成大不能应举。迫不得已,他只好离开临安,回到苏州,并带着两个弟弟和两个妹妹寄居在昆山荐严资福禅寺(今东禅寺)。在昆山,范成大"十年不出,竭力嫁二妹,无科举意"(周必大《神道碑》)。范成大取唐人"只在此山中"句,自号"此山居士"。

范成大加入了由昆山人乐备组织的一个诗社,经常雅集,并与诗社成员马先觉、李衡等人结伴出游,往来于昆山、苏州、杭州、南京等地。

王葆是范成大父亲同年的进士,也是他父亲的好朋友。王葆督促范成大不要辜负父亲的期望,要发奋读书,考取功名。于是范成大重新振作,最终考取了进士。荐严寺内一直保存着他苦读十年留下的遗址遗迹:范石湖读书处、范公亭、范公藤等。后人将他与顾仲瑛、归有光、顾炎武、徐乾学一起称为"鹿城五君"。

小小年纪成为孤儿寄人篱下,带弟携妹为生计奔波,范成大尝尽了生活的艰辛。他关心贫苦百姓,创作出了生平第一批优秀的作品,其中以仿唐代王建乐府体的《乐神曲》《缫丝行》《田家留客行》《催租行》等诗最具有现实意义。

1147年,范成大在高淳县淳溪镇南塘与魏良臣见面。魏良臣一见到范成大就"知公深,一见以远大期之",并待之如"犹子（侄儿）"（《神道碑》），还把弟弟魏信臣的二女儿许配给范成大，并把他安置在附近的一处叫净行寺的寺庙里攻读诗书。后来，魏良臣去世，范成大为其陵园的神道碑题字："左宣教郎、尚书吏部员外兼国史院编修官、婿范成大篆额"。

科举仕进　宦途沉滞

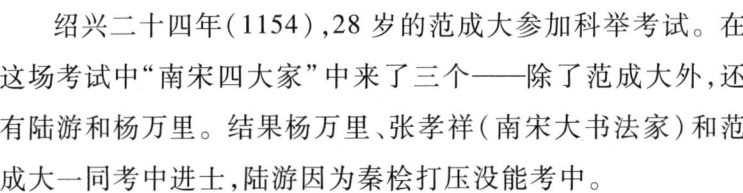

绍兴二十四年(1154),28岁的范成大参加科举考试。在这场考试中"南宋四大家"中来了三个——除了范成大外,还有陆游和杨万里。结果杨万里、张孝祥(南宋大书法家)和范成大一同考中进士,陆游因为秦桧打压没能考中。

中进士后范成大开始步入仕途。他的第一个官职是徽州(今安徽歙县,隶属于安徽省黄山市)司户参军,这是一个无足轻重的职位,掌管户籍赋税、仓库受纳等事。范成大在绍兴二十五年(1155)腊月从苏州出发,到天平山拜别先人墓后,经过湖州、广德、宁国(今隶属于安徽省宣城市),然后走艰险的水路,过了一百八十滩到达宣城,先在哪里看望岳父家亲戚,然后再到徽州上任。

徽州是个风景优美的小城,与黄山、千岛湖相邻。范成大在签厅上班,协助上司李椿处理行政事务及文书档案。虽然工作零碎繁杂,但他尽心尽力,把本职工作做得井井有条。工作之余,范成大足不出户,静心读书吟诗。然而,他的诗文才华还是吸引了众多徽州人。原来,古代读书人十年寒窗苦读,参加科举考试,很少有人能一次考中的。范成大年纪轻轻一

考即中,是当时的科场佳话。徽州的读书人听说范大诗人来了,纷纷前来登门求教。

范成大在徽州六七年,一直得不到升职的机会。他经历了3位州官的代换,分别为李植、潘莘、洪适(kuò)。洪适是"名流",南宋著名金石学家。有一天,洪知州游览宣城金牛洞,发现了范成大刻在洞壁上的诗作《题金牛洞》,对其中"春风吹入江南陌,叠嶂双峰如旧识"一联赞赏有加,从此引为知己。此后,洪适千方百计,多方运作,推荐范成大入朝为官。

绍兴三十年(1160)冬,范成大告别洪适等人,乘舟离开歙县,赶在除夕前回到了苏州家中。

在徽州期间,范成大还游览了邻近的宁国、宣城、繁昌(今隶属于安徽省芜湖市)等地,写有《游宁国奉圣寺》《自宁国溪行至宣城》《题金牛洞》《隐静山》等诗,生动地描绘了这一带的自然美景。在新安户曹任上,范成大曾有诗抒发个人的抱负,并总结自己的创作经验:"宇宙勋名无骨相,江山得句有神功。"远大的抱负,认真的态度,多姿的山川,让范成大诗艺大进。

范成大在徽州期间共创作了122首诗歌。《四库全书总目提要》卷一百六十《集部·石湖诗集》称"(范成大)初年吟咏,实沿溯中唐以下","自官新安掾以后,骨力乃以渐而遒。盖追溯苏(轼)、黄(庭坚)遗法,而约以婉峭,自为一家,伯仲于杨(万里)、陆(游)之间,固亦宜也"。徽州的经历,对范成大的诗坛地位有着重要的影响。

入杭为官　出使金国

绍兴三十二年(1162)春,37岁的范成大调到临安(今浙江杭州)做京官。临安距离苏州不远,是范成大任官时间最久的地方,如果算上少年时期跟着父亲在此居住的日子,他在临安的时间大约有10年。在临安任职期间,范成大住在石灰桥附近。大概到了明代以后,为了纪念范成大,石灰桥改名为石湖桥。

临安是南宋政治、经济、文化的中心,与家乡相似的秀丽山水让范成大为之倾心。他在《吴郡志》一书中赞叹:"天上天堂,地下苏杭。"他在诗中赞美西湖:"西湖富清丽,城府尘事并。我独数能来,不负双眼明。"对自己能多次亲近西湖深感欣慰。

〔南宋〕李嵩《西湖图卷》(上海博物馆藏)

范成大在临安的第一个官职是主管官办药事机构——太平惠民和剂局,监督配方制药、出卖熟药,监控药品质量,救助穷人。入京之后,范成大仕途比较顺畅。隆兴元年(1163)初,任点检试卷官;同年四月改编类高宗圣政所检讨官,兼敕令所编修官。隆兴二年(1164),进入南宋文化机关——秘书省,任秘书省正字。乾道元年(1165)三月任校书郎,六月兼国史院编修官,十一月任著作佐郎。次年二月,范成大从文职部门转入政事部门,任尚书吏部员外郎。三月,有人诬告范成大越级破格提拔,不符合程序,朝廷遂罢免范成大,让他回故乡休养。

乾道三年(1167)十二月,42岁的范成大复出,宋孝宗本来看他身体不好,经常生病,想派他去杭州、嘉兴、湖州等富庶地区做官,但他婉拒了皇帝的好意,选择去偏僻的处州(今浙江丽水)做一番事业。这是他首次担任地方行政长官。在处州(589—1912)历任主政官员中,范成大是任期最短暂而政绩最卓著的一位,因而也是最受丽水人民怀念的一位父母官。

当时南宋统治者偏安江南,为了自身的享乐及每年向金国进贡的财物,不断加重赋税剥削,致使阶级矛盾不断激化。范成大因有过年少孤苦的经历,所以他关心百姓,想尽一切办法为民分忧解难。他认为"得民之道,仁之而已",即只有对人民实行"仁政",减少徭役,少交赋税,让老百姓安定生活才能得民心。在处州期间,范成大主要做了五件事:

第一,推行义役法。范成大刚刚到任时,看见处州百姓被统治者强迫从事的无偿劳役繁重不均,大户人家不愿服役,而贫苦的人家则愿意服役而不愿交钱。于是,范成大在充分调查了解的基础上推行了"义役法"。范成大先在松阳县小范围试点实施:让乡民自治,先推选出威信高的乡民负责管理,让农户按家庭贫富程度出钱购买粮田,每年以田租收入补助服劳役的人,每户家庭按照次序轮流服役,官府部门不得干预。经过宣传推广,百姓觉得"义役法"很公平,十分乐于接受。松阳全县25个都,几个月之内全部实行了这种方法。之后,范成大又将"义役制"推广到处州其他六县。范成大在官至中书舍人的时候上报朝廷:"处州六邑,义役已成,可以风示四方,美俗兴化"。宋孝宗听后大加赞赏,命令全国推广该法。

第二,减免捐税。范成大上奏《论不举子疏》:"小民以山瘠地贫,生男稍多便不肯举。"向朝廷反映了当时处州老百姓因为贫困养不起小孩,导致男孩遭遗弃的情况,请求朝廷拨款济贫。又奏报处州百姓贫困,负担繁重,请求朝廷免去处州盐捐,获得批准。不久,范成大又向朝廷奏报"处州丁钱太重,遂有不举子之风",请求减免浙东丁口税(人头税),也被朝廷批准。之后逐年减免,到乾道六年(1170)正月,处州七县全部免除丁口税。

第三,设立义仓。处州各地粮食匮缺,每年春夏青黄不接时容易闹粮荒。于是,范成大组织设立义仓,命令各县秋收时储存捐献的粮食,春天出借,以此来缓解春天的粮荒。

第四,建造平政桥。处州城与瓯江南岸各县被宽阔的江面阻隔,以前都是靠船渡江,交通十分不便。范成大考察了江面水流情况后,认为当地江宽水急不适合架桥,于是倡议建造浮桥,此即为"平政桥"。平政桥用船76艘,架梁36节,上铺木板。浮桥建成,极大地方便了百姓的出行。范成大又为浮桥维修留下经费,并设置船夫若干人,负责浮桥的日常管理事务。范成大还在南岸建造了"知津亭"。他亲自撰写了《平政桥记》,制定桥规,竖立石碑,记录了建造平政桥的过程。

第五,修复通济堰。处州地区多山田,容易干涸,水利灌溉十分重要。通济堰始建于南朝梁天监年间(505),距今已有1500年历史,是我国最古老的大型水利工程之一,也是迄今为止所知世界上最早的拱坝,现在是我国国家级重点文物保护单位,它能保存完好与范成大对它的修缮有很大的关系。范成大到处州时,通济堰已经坏了50年,影响当地的农田灌溉。范成大于乾道五年(1169)正月亲自踏勘堰址,组织官员百姓对通济堰进行大规模修复,工程只用了3个月的时间,赶在雨季到来前就完成了修复。竣工时,范成大在詹南司马庙举行落成典礼。正当通济堰修复好的时候,范成大被召唤回京,当地老百姓说:"通济堰刚修成,范公怎么忍心离我们而去呢?以后谁来管堰啊?"范成大说:我来想个办法。于是,又亲自制定了《堰规》20条,并刻碑于堰旁的詹南司马庙中。立碑的目的是:即使自己不在这里了,后人也可以严格执行管理制度,维护好通济堰。堰规涉及堤堰管理的人员分工、用水分配、维修监察、经费支持甚至司马庙祭祀等20个方面,内容完备、具体、全面而科学,沿用时间之长极为罕见,是我国水利发展史上非常珍贵的法规,具有很高的科学研究和文化艺术价值。

现在的通济堰

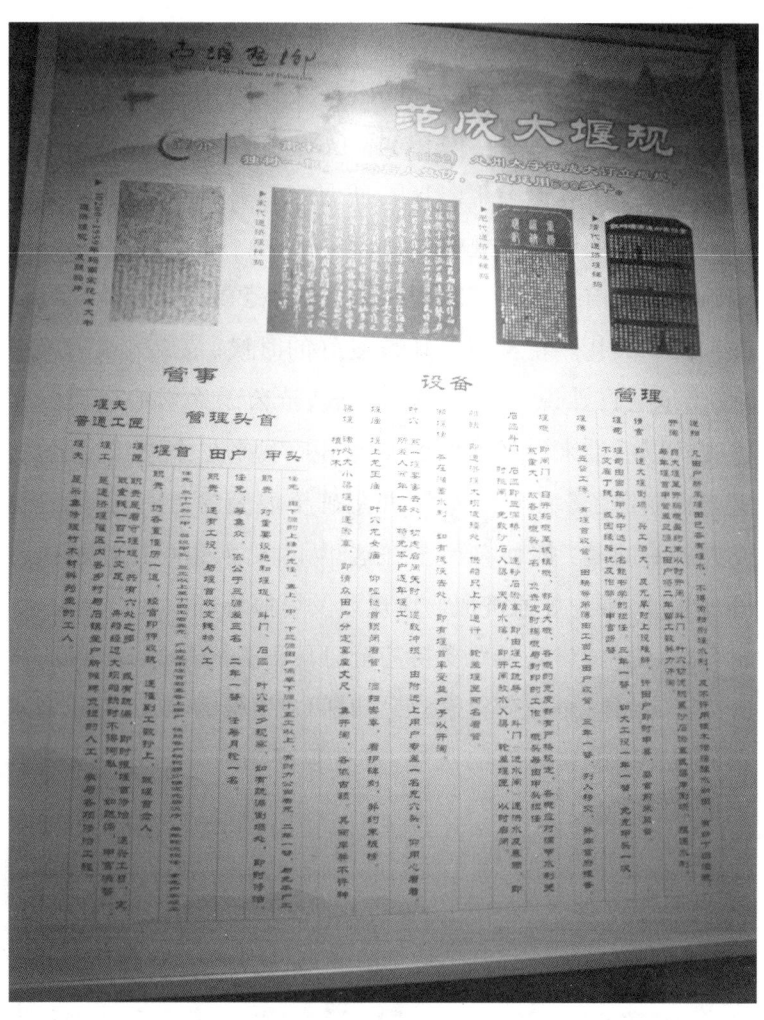

范成大堰规

此外,范成大还在处州南园建造了莺花亭和莲城堂。南园(在今烟雨楼南侧)在唐朝时已是处州名园,历代文人雅士喜欢在这里雅集。北宋著名词人秦观曾在处州做官,范成大便取秦观词中的"莺花"二字在南园内建"莺花亭"。范成大在南园还建造了著名的莲城堂,和老百姓一起来赏荷花。

范成大在处州的时间不长,去掉赴任路途上的时间,实际工作的时间只有短短的八九个月。他一上任就马不停蹄地修堰造桥筑楼,实施了一系列便民利民的举措,政绩辉煌,深得民心。他到处州就任后,浙江的大小官员和地方名士都纷纷慕名向他请求赠诗、索取墨宝,他都委婉回绝了。范成大对索句者说:"我身为州官,看到百姓吃不饱穿不暖,哪还有闲工夫写诗呀!等到处州物产丰富、人民安康的时候,我一定会挥毫写诗送你。"

范成大既是个实干家,也是位政治家。他的政论和奏章精辟独到、切中时弊。他根据在处州期间体察到的民情,向朝廷上奏的《论日力国力人力疏》是其政论文的代表作。在《论日力国力人力疏》中,范成大激昂申论日力(即时间)、国力(即财力)、人力三者之有限,而朝廷上下不做实事,专门务虚,内耗严重,建议孝宗能运筹帷幄,优先考虑制约金国的大计,其他一切杂事都可稍缓。为此,他还引越王勾践的事例借古讽今,希望孝宗坚定恢复大宋的志向,不要被其他旁枝末节牵扯精力。宋孝宗认为他讲得很对,高兴地采纳了他的意见。

根据孝宗赵昚与金达成的屈辱的《隆兴和议》,金、宋两国皇帝以叔侄相称,宋要称金为叔叔,自己做侄儿,宋朝使者使金都必须行跪拜之礼。对于孝宗来说,祖宗陵寝长期在敌人地盘,每次金朝使节来,自己都必须下榻起立接受国书,实在是奇耻大辱。孝宗计划修改《隆兴和议》中部分侮辱性的条款,一是要求金朝归还位于河南的宋朝帝王陵寝之地,二是改变宋帝下榻起立接受金朝国书的礼仪。对于改变屈辱的受书仪式这一条,则不作为南宋的官方要求写进国书,而是由使臣以私书形式向金方提出。当时的许多大臣十分害怕,担心因此而挑起战争。右相虞允文向孝宗推荐了两个出使金国的人选:李焘、范成大。李焘听说后吓得说道:"金国肯定不会答应咱们的要求,这岂不是要葬送我!"不敢答应。只有范成大毫不推辞,毅然从行。

宋孝宗找范成大谈话说："朕看你气宇不凡,亲自选你去出使金国。听说其他官员都十分害怕这次出使,有这回事吗?"范成大答道："无故遣使,而且还要私人进奏,对于金国来说相当于挑衅,想必轻则扣留、重则杀头。不过,臣已经立了后嗣,家事也都交代好了,已经做好了一去不回的打算,没什么可怕的了。"孝宗被他的坚决感动,说道："这次并不是我方要毁约发兵,何至于害了你的性命?不过,像苏武那样被扣,渴饮雪、饥吞毡的日子却恐怕是有的。"当时,宋弱金强,没法跟金谈条件,范成大被扣被害的可能性是很大的。

于是,范成大在乾道六年(1170)五月被任命为起居郎,以资政殿大学士的身份出使金朝。

来到金国后,范成大在金世宗完颜雍面前不卑不亢地递上了国书:"臣奉大宋皇帝陛下之命出使,祈请索回河南巩洛(今河南洛阳一带)的陵寝之地,以便祭祀先帝。"就在金世宗接过国书,正在斟酌怎样回绝南宋的要求时,范成大突然跨上一步,拿出要求更改受书仪式的奏疏说道:"除国书外,我还带来大宋皇帝私书一封,有事相禀。"他来到金皇帝面前跪下,举起私书,请金世宗接书。怎么在正式国书之外还有私书?金皇帝和朝堂上的几位臣子都觉得意外,一时不知如何是好。这私书是怎么回事?接还是不接?金国丞相看范成大坚持跪在那里,只得过来说道:"既然有私书,我先来接下,让翻译先看一下说的是什么,使臣还是先起来。"范成大却说道:"这是我大宋皇帝的私书,还须贵国皇帝亲自来接受。"范成大坚持要金国皇帝亲自接受私书。

这时金世宗是又惊又恼。翻译也对范成大的这一举动很无奈,只得对范成大说:"既然须皇帝接受,自然要让他知道是什么内容。"于是范成大请翻译过来看私书。私书里只有一个意思：要求更改皇帝起立亲自接受国书的程序。翻译把内容跟金皇帝禀报了。金世宗觉得这两件事是《隆兴和议》里写明的，现在南宋皇帝用私书方式要求更改《隆兴和议》，所派使者还坚持要他亲自接，便很不高兴，于是生气地大声说："你们南朝不遵守和约，出尔反尔，是想来挑衅的吗？你就不怕我们来攻打你们？"范成大一点也没被吓倒，回答道："我大宋多年来一直要求归还陵寝之地，因为关系到先人和祭祀，怎能说是挑衅？至于宋帝受书一事，明显不合礼仪，既然两国是叔侄亲戚，侄子也是贵国大使的主子，怎么能让你侄子从使节手中接国书呢？《隆兴和议》中不合适的地方为何不可更改？"金世宗高声吓唬道："如果我们出兵攻打，即便贵使不怕死，难道南方百姓亦不怕死吗？"范成大也不示弱，面对着金世宗正色道："和议以来，两国和平友好相处是对双方都有利的。我大宋皇帝只欲平等，现通书一封，和贵国商量修改受书礼仪，互相尊重，绝对没有挑衅打仗的意思。请大金皇帝收下，这是外交之仪。答不答应，是贵国的事；递不递交，是我的事。"

金世宗想看一看范成大到底还要怎样坚持，便假装要起身离开。范成大竟然上前拦住世宗，不管金国是否承诺，坚持必须递上私书才肯退下。金国太子大声说："这个南蛮太无礼，把他杀了。"手下兵士已经把刀对准了范成大，想要动手，情势极为紧张。范成大冷冷地看着金国太子，并不惧怕，他一心想着这私书是大宋皇帝所奉，必须坚持让金国皇帝对等接受。这时，金国有两位大臣不想让事情闹大，便劝住了太子。双方僵持了一会儿后，金世宗突然哈哈大笑道："南朝使臣坚持递交私书，勇气可嘉，佩服佩服。既然礼仪如此，我若不接，岂不叫人笑话。我按照礼仪受书，并不就是答应侄儿皇帝的要求，对吧？"金世宗终于亲自接过了范成大手中的私书。

此次交涉正如原先预想的一样并未达到目的,但范成大崇高的爱国情怀与大义凛然的民族气节让人钦佩。据说金国皇帝对他的勇敢也极为赞赏,一时间范成大成为金国上下景仰的英雄人物。

范成大五月出使金国时的路线是:从泗州(今江苏盱眙)渡过淮河,经过宿州(今安徽宿县),沿古汴水向西北方向走,经亳州(今安徽亳县)、永城(今属河南),到归德府(宋称南京,今河南商丘);然后向西走,经睢州(今河南睢县)、陈留(在今河南开封东南),到开封府(宋称东京,即今河南开封)。从泗州到开封的路程已达770里。从开封府北上,过黄河李固渡(今属河南滑县),经滑州(治今河南滑县东)、相州(今河南安阳),渡漳河,过磁州(今河北磁县)、邢州(今河北邢台)、赵州(今河北赵县),到真定府(今河北正定)。由真定府向东北走,经过定州(今属河北)、保州(今河北保定)、安肃州(今河北徐水)、涿州(今属河北),到达目的地金中都大兴府(宋称燕山府,即今北京市)。从泗州到燕山府,路程共2058里,十分遥远。南宋士人中很少有人有这种北渡黄河游历中原的经历。范成大将一路的所见所闻所感都记录在《揽辔录》和七十二首使金纪行诗中,具有很高的文学价值和史学价值。

范成大使金冒死维护宋朝尊严,全节而归,朝野上下都称赞范成大有才能、有气节。九月范成大归国后,被孝宗皇帝任命为中书舍人。本来还要照例升两级,可是范成大在金国听说夏国向金人告密说宋要联合夏去攻打金,回来后便立刻报告朝廷不要轻信夏国,而要防着夏国,因此又惹恼了执政大臣,结果没有给他照例晋级。

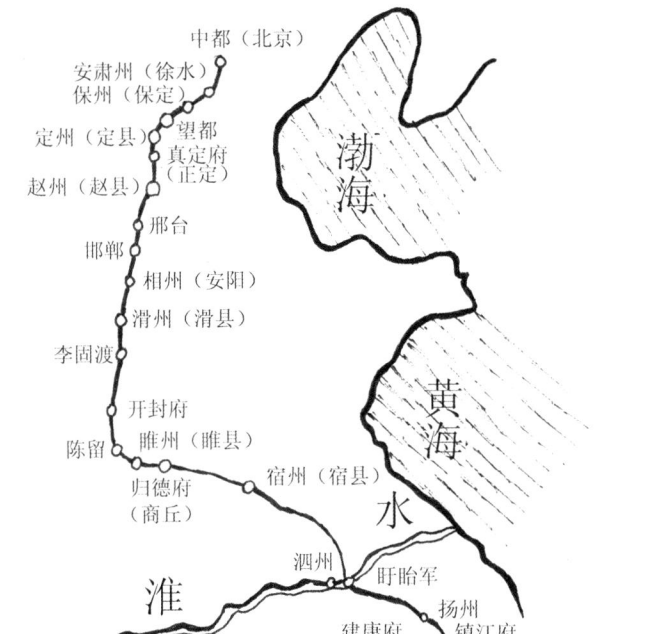

注：图中括号内为今地名。
乾道六年范成大使金行程图（张玲、陈颖制图）

乾道七年（1171）三月，宋孝宗想提拔知阁门事张说当签书枢密院事，掌全国兵权。张说是皇太后的妹夫，品行很差，想靠着裙带关系升官发财。官员们听说皇上要让张说掌兵权，一片哗然。但鉴于他是皇帝亲戚，都不敢当面反对。范成大也反对越级提拔张说，皇帝叫他负责起草任命诏书，范成大就想了个办法把任命书扣下7天不下达。有些官员就去问他：是不是应该请皇上修改诏书？范成大只是笑着低声说：

"这种事说空话没有用。"后来范成大见到孝宗时就拿出张说的任命诏书放在御榻前,慢慢地说:"臣有一个比方,虽说朝廷尊严,不能跟下面的州郡相比,但也有些类似之处:如宫廷的阁门官,天天领着百官朝见皇帝,他的职务和郡里的典谒吏(宾客接待员)差不多。朝中的执政大官好比是地方的副职长官,如果一个没有什么功绩的小衙役忽然被提拔来当地方长官,那会造成什么社会影响?"孝宗考虑了一会儿,说:"这件事我要再想一想。"第二天,孝宗下诏免去了对张说的任命。

自绍兴三十二年(1162)37岁入京做官到乾道七年(1171)46岁辞京外任,在近10年的时间里,范成大除了一年多在家、一年多知处州、4个月出使金朝外,其余时间都在临安供职,这也成为其个人政治生涯中很重要的一段经历。自此以后,他开始远离都城临安,成为封疆大吏。

地方大吏　仕宦高峰

1. 南宅交广

乾道七年(1171),范成大因为张说一事得罪了朝廷,孝宗先让他回老家休养,后来又安排他到桂林做官,范成大由此开始了"南宅交广"之行。

乾道八年(1172)腊月七日,范成大从家乡苏州出发,经过湖州、余杭,沿富春江一路南下,经桐庐、兰溪入衢江,又从信州(江西上饶)、贵溪、余干到南昌登滕王阁,再入赣江。

乾道九年(1173)元月十二日,范成大来到临江军(江西樟树)。十四日游芗林和盘园——这两处都是当时的著名园林,那里的几棵大梅、古梅给范成大留下了深刻印象。范成大又从赣江支流袁水进入湖南境内,沿湘江南下,到南岳衡山,转陆路经过湖南永州、广西全州。三月十日,范成大进入桂林境内。

此次水陆路程共3000里,超过了北上使金路程,历时3个月。期间,范成大写成一卷游记,取唐韩愈咏桂林的"远胜登仙去,飞鸾不暇骖"诗意,名之为《骖鸾录》。

范成大出任静江府知府兼广南西路经略安抚使(相当于今广西壮族自治区最高行政长官),执掌广西的政治军事,有"帅臣"之称。管辖范围包括今广西全部、广东的部分地区及海南岛在内的岭南25个郡。广南西路虽因开发较晚社会经济不够发达,远离南宋统治中心,但也是南宋抗金及北伐的大后方,并且范成大还承担着管理岭南少数民族的事务,所以对于南宋的稳定有着重要意义。

范成大深知管好广西的重要性,在广西任上两年(1173—1175),他埋头苦干,勤政务实,把先进的江南文化传播到西南边陲,卓有建树。范成大在广南西路任期内主要做了以下几方面的工作:

第一,改革盐法。南宋食盐原来是由官府专卖的,各州经销食盐所得利润的八成归漕司,两成归本地财政使用。到了绍兴八年(1138),食盐改为钞商贩运,所得收入都由朝廷支配,广西财政十分困窘,连支付官员和军人的薪水都捉襟见肘。后来受淮盐影响,食盐销量锐减,但南宋朝廷仍按以前的销量和广西分成,以致广西更加缺钱。为了解决财政问题,广西只好将其摊到老百姓头上。范成大和下属日夜讨论解决方案,向朝廷上书数千言,请求朝廷按实际销量分成,同时减少老百姓的赋税,赈灾减租。朝廷采纳了他的建议,于是广西食盐收入增加,长期困扰广西的盐政问题得以解决。此事充分显示出范成大洞幽察微的观察力和处理棘手社会经济问题的过人能力。财政有了钱以后,范成大就拨出专门款项发展文化教育事业,功在当代,利在千秋。

第二,改革马政。马匹在古代是重要的战略物资。南宋时,北方国土沦入金人之手,朝廷只能在邕(yōng)州横山寨(今广西田东县平马镇)购买战马。因为管理混乱,出现了很多弊端:一是当地奸商在卖给朝廷的马中掺杂近一半的病马,以次充好;二是官吏贪污养马的草料钱,导致大量马匹病死饿死。范成大明察秋毫,连上四奏,提出改革马政的措施,并编制出合格战马的标准和马市公平交易的制度,得到了朝廷的批准。新政的实施,打击了贪官奸商,规范了马市的管理。当时朝廷在邕州买马,原计划每年买1600匹,在范成大到任前仅能买到27匹。范成大亲自出马抓买马一事,短短两年便买到了3000匹合格战马,创南宋朝廷在广西买马的最高纪录,范成大的足智多谋与精明练达的管理能力可见一斑。范成大改革马政,不但收购了许多良马,也改善了与少数民族的关系,维护了桂林乃至整个广西的稳定。

第三,灵活外交,团结少数民族。南宋朝廷举行大型祭祀活动的时候,经常需要经过驯服的大象列阵,大象一般是由安南(今越南)进贡的。当时,因郊祀大礼,急需大象,范成大的前任对安南前来进贡的特使又总是隆重接待,时间一长,这些特使个个都端起了架子。当安南特使对新来的范成大傲慢无礼时,范成大当面斥责道:"我是大宋的官,管着这么多少数民族和边疆事务,你一个藩属国使臣不得无礼!"特使被吓得赶忙磕头行大礼,范成大就把这个磕头礼节规定为以后特使进贡驯象的固定程序。范成大在桂林能灵活处理当时被泛称为"西南蛮"的少数民族的关系,恩威并施,既维护了朝廷,又团结了百姓。范成大抛弃了历代封建统治阶级鄙视少数民族的传统观念,把少数民族人民视为"齐民",平等对待。他以和平共处为基本原则,同时开放边境百姓的自由贸易,发展经济,提高百姓收入,消除了为掠夺资源而引起冲突的危险。所以在他离开广西前往四川时,出现了感人的场面,桂林百姓舍不得范成大离开,一路相送,范成大只好又留了两日才离去。范成大坚持儒家的"仁政"和"民本"思想,得到了当地各民族人民的信任和爱戴,这在封建时代的封疆大吏中是非常难得的。

第四，兴修水利。范成大来广西上任时，在从长江到湘江再进入灵渠的途中发现灵渠铧嘴年久失修，影响通航和灌溉。范成大深知水利对农业的重要性，十分重视，到职后立即交代李浩（字德远）组织民工重修铧嘴。桂林城北还有个朝宗渠，建于北宋崇宁五年（1106），全长9公里左右。经历近70年的风雨沧桑，渠道淤塞，已经受到严重破坏。范成大亲自主持了朝宗渠修复工程，疏通渠水，使其排水防洪功能大大提高，同时也改善了城区灌溉与居民用水。朝宗渠修复工程竣工后，范成大在伏波山建了癸水亭、正夏堂和进德堂，并在堂前种了很多桂树，邀请桂林的父老乡亲一起来庆祝朝宗渠的新生。

第五，保护生态。范成大到广西上任后，发现当地有很多珍禽异兽，有现在被列为国家二级保护动物、世界濒危野生动物的灰鹤，还有广西独有的黑冠长臂猿等，但当地百姓喜欢吃野味，捕猎成风，致使珍禽异兽不断减少，长此下去将有灭绝的危险。他对此感到十分痛心，便制定了禁止采捕珍稀动植物的法令，派人四处张贴，要求人人遵守。此项法令唤起了当时人们的环境保护意识，对保护珍稀动植物、维护自然环境的生态平衡具有深远意义。

第六，保护名胜。范成大到桂林后十分重视桂林风景名胜的保护和开发，他在桂林主持修建的亭台楼阁有：伏波山的癸水亭、正夏堂和进德堂；月牙山的骏鸢亭；七星岩前的碧虚亭（在岩侧刻有范成大的《碧虚铭》）；屏风山的壶天观和所思亭等等。同为静江知府的南宋大书法家张孝祥曾将象鼻山水月洞改名为"朝阳洞"，范成大到任后认为这样改名不妥，因为水月洞得名由来已久，而且隐山已经有朝阳洞，不应重名，便恢复为"水月洞"，并将自己撰写的《复水月洞铭》刻在石壁上,希望"百世之后尚无改也"。后人称赞其书法"玉润珠辉,方流圆折,清而腴,丽而雅"。范成大在桂林居住了22个月,期间游遍了桂林山水,并留下石刻11件,其中七星岩4件,屏风山3件,龙隐岩、还珠洞、中隐山和水月洞各1件;还写了54首诗歌,现已成为桂林风景名胜的宣传广告。在《桂海虞衡志·志岩洞》中,范成大一再指出:"桂山之奇,宜为天下第一。"由此可见,范成大是较早传颂桂林山水天下第一的诗人。

第七,文化教育。范成大到任后翻阅地方史志发现,在朝宗渠淤塞前,桂林还有考中举人、进士的,自朝宗渠壅塞后,桂林竟几乎无人中举。范成大遂组织疏浚朝宗渠,并将漓江、桃花江、朝宗渠的水与城边的几个湖泊连通起来,使桂林"环城有水,如血脉萦于一身",永远兴旺发达。果然,不久桂林就有人考上了举人。淳熙元年(1174)秋九月,广西乡试放榜的第二天,范成大举办鹿鸣宴(取名源于《诗经》"呦呦鹿鸣"之句),亲自宴请主考官和新科举人。范成大即席赋诗一首:"维南吾国最多儒,耸看招招赴陇书。竹实秋风辞穴凤,桃花春浪脱渊鱼。月宫移种新栽桂,江水朝宗旧凿渠。况有龙头坊井在,明年应表第三闾。"祝贺新科举人,希望第二年能考出继唐代桂林状元赵观文、宋代永福状元王世则之后的又一个状元。这首诗当时就被刻在还珠洞中,激励着一代又一代读书人。

淳熙二年(1175),朝廷派范成大接替病故的虞允文赴四川担任制置使兼成都知府。范成大在从桂林到成都的路上,4个多月的时间里写了大量有关途中景物的诗歌;还凭记忆撰写了《桂海虞衡志》,介绍我国西南少数民族地区的风土人情。《桂海虞衡志》分为志岩洞、志金石、志香、志酒、志器、志禽、志兽、志虫鱼、志花、志果、志草木、杂志、志蛮等13篇,给后人留下了很多珍贵的历史资料。

2. 西入巴蜀

淳熙三年(1176)正月二十八,范成大从桂林出发,经历难于上青天的蜀道,一路辛苦,于六月七日到达成都。

范成大在治蜀期间也做出了不少政绩。

第一,推荐人才。范成大求贤若渴,不拘一格用人才,当时的社会名人陆游、简世杰、杨光、胡晋臣等都和范成大有过

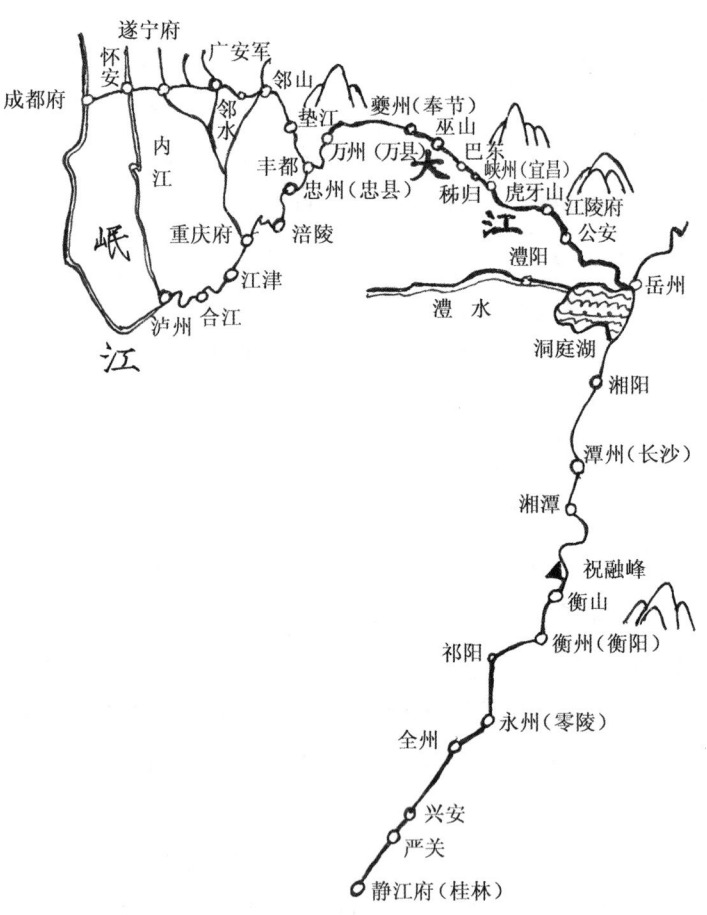

范成大自桂林赴成都行程图(张玲、陈颖制图)

交往。范成大还大力表彰和推荐名士。蜀地名人孙松寿60多岁,刚正廉洁;樊汉广59岁,曾任青神知县、眉州通判,勤政自律。范成大欣赏他们的高风亮节,请求朝廷出令召他们出来做官。范成大还公开向皇帝推荐蜀地的杰出人才,这些人才后来在朝中成为显要官员。范成大的这些人才政策行之有效,吸引了很多有用之才到他身边。范成大的成都幕府聚集了各种人才,有大诗人陆游等文人,有后来官至参知政事的胡晋臣等朝廷重臣,还有品行高洁、直言敢谏的诗人杨甲、谭季壬等隐士。他们在范成大的带领下,为保地方百姓平安做出了贡献。

第二,体恤民生。范成大坚持"仁民固本"思想,实行了一系列惠民政策。首先是为民减赋,免酒赋,减免科籴,为民众减轻负担。范成大上奏孝宗:"关外麦田丰登,收成是往年数倍。这实际是朝廷废除和籴之法,使百姓得以喘息,从而尽力于农业生产的结果。"范成大为官清廉,关注民生。《吴船录》里记录范成大从成都出发,视察民情,不知不觉天就黑了,只好在廉价旅馆将就一晚。但不巧的是廉价旅馆的床位也满了。范成大于是到街上去闲逛一会,跟街上老百姓聊会儿天,其他人看到了就赞叹:大官都来这儿住啊,这么大的官住这么个普通房子,真是廉洁啊!

第三,尊重民俗。范成大入乡随俗,和当地官员百姓一道游览名胜古迹,参加游赏活动,几乎每到一处都即兴赋诗。春天的成都,樱桃花、芍药花、桃花都开了,范成大盛赞成都之美,把成都比作扬州:"十里珠帘都卷上,少城风物似扬州。"又将成都的万岁池比作临安的西湖:"绿岸翻鸥如北渚,红尘跃马似西池。"这些诗歌大大提升了成都的知名度,受到人们的普遍欢迎:"短章大篇,人争传诵之。"范成大很喜欢和百姓一起参加民间的各种节庆民俗活动。如正月初一到安福寺礼塔。范成大在《丙申元日安福寺礼塔》诗中写道："石笋新街好行乐,与民同处且逢场。"端午节又到浣花溪观赏赛龙舟。一年夏天,川西地区闹旱灾,支江的水都干涸了。范成大顺应民意,听当地人说需要祭天,就立即举行祭天仪式,同时又将都江堰的水导入支江,大概三四天的工夫,支江的水就满了。后来巴蜀地区获得了大丰收。

第四,保护历史文化。范成大有较强的文化保护意识。他在四川亲自调查寺庙绘画,写成《成都古寺名笔记》,将寺中名画一一记录下来,为名画保护和中国绘画史研究留下了宝贵资料。在《吴船录》中,范成大记录了峨嵋山牛心寺的始祖继业和尚在宋太祖乾德二年(964)至开宝九年(976)间到天竺(印度)求舍利及贝多叶书一事。范成大敏锐地意识到继业等人这次长达12年去西域取经活动的重要性,他将继业和尚的天竺之行记录下来,为我国宗教活动研究提供了珍贵的研究材料。范成大还于淳熙四年编成地方志《成都古今丙记》10卷,只可惜已失传。同在桂林一样,范成大在成都任职期间,既是名胜古迹的赞美者,又是其建设者。他先后主持修筑了铜壶阁、筹边楼、锦亭、学宫等。陆游撰写《铜壶阁记》《筹边楼记》记录了范公主持修缮工程的经过,并歌颂其功德。

第五,整军御边。范成大作为封疆大吏,认为巴蜀急需加强边防军事力量,当务之急是向皇上要钱。他向皇帝上书说:"吐蕃、青羌两次侵犯黎州,而奴儿结、蕃列等尤其狡猾,轻视大宋。臣应当抓紧练兵备战,在边关修好堡垒,还要训练团结作战,使人人都能打得了仗,要做到这三方面没有钱不行。"孝宗觉得很有道理,马上增加了军费。范成大认为黎州是西南边陲重地,作为军事重镇,应该增加精兵5000人,于是又上书请求在这里设置边防司令的职位,管辖禁军的屯戍、训练和边防事务。范成大在朝廷批准的军费、官职到位以后就亲自挑选武官,改善士兵待遇,训练民兵,整体提高军队的作战能力。经过实地勘察,范成大发现吐蕃入侵的路线有18条,于是修筑栅栏、派兵把守,把这18个路口全部堵死。淳熙三年(1176),奴儿结出动2000兵马攻打安静寨(今四川石棉),范成大只派了飞山军1000人前往阻击,并且胸有成竹地说:"不出三天,奴儿结必退。"果然如范成大所料,奴儿结在3天后就狼狈地逃回去了。白水寨边防守将王文才偷偷娶奴儿结的姑娘为妻,还吃里扒外,常常给奴儿结引路助其入侵,烧杀抢掠。范成大足智多谋,没有出兵捉拿王文才,而是发通告说不管谁捉拿到了王文才,宋朝大大有赏。不久就有人活捉了王文才,范成大立即把他就地正法。范成大虽是文人,且自小体弱多病,但在边疆显示出其卓越的军事才能与爱国热忱。

范成大执掌四川期间,实施惠民政策,发展经济,巩固边防,推荐人才,尽职尽责,让百姓能够安居乐业。淳熙四年(1177)春,范成大因病向朝廷请求回老家。在他离任时,众多自发送行者沿路相送,周必大称:"数百里不忍别。"陆游也和范成大友谊深厚,两人之间常常诗歌唱和,范成大离任时,陆游送行一月有余,依依不舍。

当年五月底,范成大从成都万里桥出发,十月进入吴郡(苏州)的盘门。这次的行程比较简单:沿岷江入长江,然后一路过三峡,经湖北、江西入江苏,从镇江转常州、苏州。范成大也将此行记录下来,并取杜甫"门泊东吴万里船"诗句,把游记命名为《吴船录》。与《揽辔录》《骖鸾录》相比,这本书篇幅最长。书中对沿途名胜古迹如青城山、都江堰、峨眉山、乐山大佛、长江三峡、洞庭湖、赤壁、黄州、庐山等有详细记载。范成大还抱着怀疑而求真的态度对古代典章制度、诗文、古迹等进行了考证和考察。如当范成大经过赤壁时,对苏轼

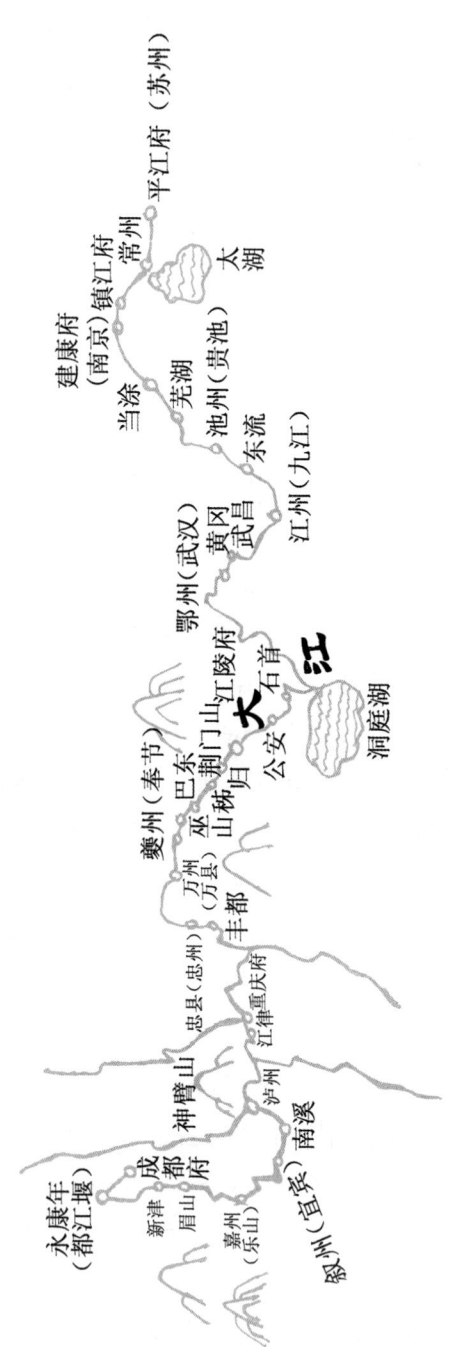

范成大离蜀返苏行程图（张玲、陈颖制图）

的《赤壁怀古》与《后赤壁赋》提出了自己的意见:"赤壁,就是个小赤土山而已,没看到'乱石穿空'及'蒙茸峻岩'的情景啊,东坡的词是不是有点夸张了?"范成大的为人一贯求真务实,在他看来,每一个文字都是为后人记录的,来不得半点虚假。

3. 东薄鄞海

淳熙五年(1178)正月,53岁的范成大任礼部尚书。四月,升任参知政事,相当于副宰相。刚上任两个月,因得罪了人,被罢官,安置在职务闲散的洞霄宫。

淳熙七年(1180),范成大被起用为明州(今浙江宁波)知州兼沿海制置使。范成大在明州的时间不长,只有一年多,但他勤政爱民,受到了明州百姓的拥戴。他在明州期间主要有以下举措:

第一,停贡"海物"。南宋朝廷在明州设有进奉局,在沿海大面积组织人工养殖干贝类海产品,进贡到京城。后来由于对海产品的需求越来越大,而海产品数量有限,官府就把负担压在百姓头上,明州百姓苦不堪言。范成大向宋孝宗请求停贡"海物",并且禁止皇亲贵族挪用当地的钱粮。宋孝宗采纳了范成大的意见,停止进贡"海物",撤销进奉局,免除了不当的征收,减轻了当地百姓的负担。

第二,防备海盗。为防备沿海地区受海盗侵扰,范成大借鉴王安石创立的"保甲法",推行一户做海盗、其他四户连坐的制度。南宋以来,海内贸易极盛,却很少听说有海盗,多少与范成大的这一政策有关。

第三,建九经堂。范成大重视教育,号召明州人多读书。他在明州修建九经堂,用来存放朝廷赐书,后来又将赐书搬到府学御书阁,供明州人阅读,就像现在的图书馆一样。这种做法对提升明州百姓的文化教育水平起到了推动作用。

范成大在明州为官一年多时间里的所作所为，受到了各界的高度评价。南宋文学家楼钥（明州人）在《玫瑰集》中称赞范成大："胸中之有甲兵，世称小范之多才。"

淳熙八年（1181）春天，范成大造访素有"东南佛国"之称的佛教禅宗名寺——阿育王寺，登上明月堂，即兴作七言绝句诗四首。同年八月，阿育王寺住持佛照禅师将范成大诗文刻成碑，题为《赠佛照禅师诗碑》。《赠佛照禅师诗碑》书法遒劲典雅，达到了范成大书法艺术的顶峰。

二月，朝廷因范成大"治郡有劳"，任命其为端明殿学士。三月，任建康（今江苏南京）知府。四月，范成大到任。七月，建康等地遇大旱。他奏准调拨军队储备粮20万石，发给饥饿的老百姓，并减去农民作为地租向官府缴纳的米5万石，减轻了百姓的负担，百姓因无粮可吃四处逃荒要饭的情况也就没有出现。范成大在任建康知府的两年里，还将富余的财政收入用于为百姓交税，为建康百姓做了不少实事。

十一月，水盗徐五闹事，自号"静江大将军"，范成大设计将其除去。周必大在《神道碑》中记录了这件事："那天是中秋，我们正在泛舟赏月。范公突然说去拿酒来，提刑官郑丙问为什么，范公笑着说：'马上要喝了。'然后就听到岸上喧哗的声音，原来是沙世坚将军拎着'静江大将军'的首级来了。大家一看又是震惊又是佩服范公。"范成大在聊天畅饮之中便能取贼首级，真可谓运筹于帷幄之中、决胜于千里之外，大有张良、诸葛亮之风。

因为身体一直不好，范成大五次向朝廷请求退休。淳熙十年（1183），范成大59岁，被任命为资政殿学士，再次到临安府洞霄宫做闲职。他的仕宦生涯从此基本上结束。后来虽然朝廷两次让他出来做官，但他实际上并未到任。第一次是赴福州，还未到任就转身回了老家。第二次是刚到太平州（安徽当涂）任上一个月，他因十分喜爱的次女病逝，马上辞职回到了苏州。

综观范成大近30年的仕宦生涯，其经历称得上丰富多彩。他曾经北至燕都（今北京），南抚广西，西帅四川，东临明州，踏遍辽阔疆域，有人称他是名副其实的"东西南北人"。他的见闻阅历远远超过一般士大夫，他自己也说："余生东吴，而北抚幽蓟，南宅交广，西使岷峨之下，三方皆走万里，所至无不登览。"范成大的仕途虽然也有起伏，但总体来看还是比较顺利的。特别是在地方做官时，他能为民请命，勤政务实，每到一处都多有建树，深得民心。范成大忠诚踏实、精明能干并得孝宗信任重用，不论是在朝廷做官还是在地方做官，从他的努力和所取得的成绩来看，范成大都堪称南宋一代名臣。除了政治成就外，他在诗、词、文、史、书、画等多个领域的突出造诣也为他树立了崇高的声望，在当时士人心目中堪称一代文宗。

退隐石湖　赋闲家中

在长达30年外出做官的时间里,范成大始终牵挂着故乡苏州。其创作于成都的《望乡台》诗,真切地表达出了他浓浓的思乡之情:"千山已尽一峰孤,立马行人莫疾驱。从此蜀川平似掌,更无高处望东吴。"

范成大的家乡在苏州城内,在郊外的石湖有庄田,少年时的范成大常在那里游玩,得到了不少乐趣。乾道三年(1167),范成大开始在石湖边修建自己的写意山水园——石湖别墅,并自号"石湖居士"。石湖是太湖的支流,那里有吴王郊台、吴城、越城、越来溪等古迹,相传范蠡携西施隐居即是由石湖进入太湖的。石湖水面开阔,一面靠山,风光旖旎、人文丰厚,徜徉其间的士人无不觉得不可辜负这一片山水。范成大根据那里的地势高低建造亭榭,种植梅花、菊花,在楞伽寺对面建农圃堂,又建此山堂、千岩观、天镜阁、寿栎堂等。范成大的好友来参观过后,都大赞石湖别墅的美。杨万里也曾赞其"山水之胜,东南绝境"。每次范成大从外地任上返乡后,总会邀陆游、杨万里、尤袤、周必大等挚友在石湖住上三两天或个把月,饮酒吟诗,畅游石湖。他说:"凡游吴而不至石湖,不登行春,则与未始游者无异。"宋孝宗也赐"石湖"两个大字给范成大,自此石湖佳山水的声誉更加名扬天下。

除了石湖别墅外,范成大在城中桃花坞还建有范村。范成大的好友周必大在《神道碑》中说:"先以石湖稍远,不能日涉,即城居之南别营一圃……题曰范村。""范村"并不是"范家的房子"的意思,而是得名于一个美丽的传说。据范成大所编《吴郡志》卷四十《仙事》记载,唐代乾符年间,苏州人胡六子一行航海迷路,漂流到一个海岛上,那里风景优美,人人都彬彬有礼,问了才知这个地方叫范村,岛民都是战国时越大夫范蠡的后代,首领为已经得道成仙的范蠡,后来胡六子一行在范村人的帮助下顺利回到了家乡。陶渊明有"桃花源",范成大有"范村",一方面表达了对先辈范蠡的追慕,另一方面也寄托了自己的隐逸理想。

范成大功成身退,远离官场,在石湖度过了长达10年较为舒适悠闲的晚年生活。他在诗中写道:"若教闲里工夫到,始觉淡中滋味长。"范公与石湖山水、琴棋书画、花鸟虫鱼相伴,泛舟赏月,焚香晒药,写诗编志,参禅理佛,把日子过成了诗。

范成大于淳熙十三年(1186)完成了《四时田园杂兴》,这组诗歌是生动反映南宋苏州农村田家劳作、节庆习俗、风土人情、苦乐生活的画卷。《四时田园杂兴》共60首,分春日、晚春、夏日、秋日、冬日5组,各12首,写尽石湖四季田园风光。

范成大也因此获得了"田园诗人"的称号。钱锺书说,田园诗到了范成大而"有了泥土和血汗的气息",他"把一年四季的农村劳动和生活鲜明地刻画出一个比较完全的面貌"。和陶渊明、谢灵运等诗人以山水田园寄寓自己的高洁理想不同,范成大的田园诗情调活泼明快,意境淡远,风格清新,这也使范成大成为田园诗之集大成者。

范成大的诗淳朴自然,风格多样。他经历丰富,诗歌题材广泛,他的田园诗、使金诗、行旅诗等在南宋末年就已流传开来,到清初时影响更大,当时流传着"家剑南而户石湖"("剑南"指陆游《剑南诗稿》)的说法。范成大与杨万里、陆游、尤袤合称南宋"中兴四大诗人"。

范成大曾经做过国史院编修官,深知修史对于国家的重要性。当年刘邦入关后将士都去搜集抢占金银珠宝,唯有萧何第一时间将书籍保存下来,为日后刘邦夺取天下做出了重要贡献。范成大在外做官期间写了《桂海虞衡志》《骖鸾录》《吴船录》,这些文稿记录了当地的风土人情,为广西、四川留下了很多珍贵的资料。回到家乡后,范成大自然要给家乡写志。范成大汇辑唐朝陆广微《吴地记》、北宋朱长文《吴郡图经续记》等,广查史志,补充新事,于绍熙三年(1192)左右完成了《吴郡志》。《吴郡志》共50卷,体例为门目体,分沿革、分野、户口税租、土贡、风俗、城郭、学校、营寨、官宇、仓库、坊市、古迹、封爵、牧守、题名、官吏、祠庙、园亭、山、虎丘、桥梁、川、水利、人物、进士题名、土物、宫观、府郭寺、郭外寺、县记、冢墓、仙事、浮屠、方技、奇事、异闻、考证、杂咏、杂志等39门。范成大没有将"艺文"单独列为一门,而是将有关内容分布在各门类中,这个方法被后人所仿效。值得一提的是为突出地方特点,范成大将"虎丘"单列一门,与"山"并列,开方志门目"升格"之先河。之前的吴郡地志大都以图为主,以文字

为辅。范成大则完全弃图存文,这也使《吴郡志》成为吴地乃至中国方志史上的典型代表。范成大的记录对研究苏州地区的历史、经济、文化发展均有重要价值。

在"牧守"一门,范成大很自豪地说:"吴郡地重,旧矣,守郡者非名人不敢当。"苏州历来是繁华之地,唐代诗人韦应物、白居易、刘禹锡、皮日休等都曾在苏州做过地方官。进入宋代后,诗人梅询、曾致尧、王禹偁(chēng)、范仲淹、梅挚、章岵、胡直孺、孙觌(dí)、向子諲(yīn)、张孝祥也都曾在苏州做官。因此,《吴郡志》记述了在苏州做官的多位著名诗人的情况。

范成大在"园亭"中详细记录了苏州各处园林胜迹的历史,包括亭台轩榭、宫观寺庙等。范成大既写景点的自然风貌,又写风土民情和文化渊源,还有传说故事,为苏州文化的传播做出了贡献。

范成大在"风俗"中记载了爆米花的发明:"上元……爆糯谷于釜中,名孛(bó)娄(lóu),亦曰米花。每人自爆,以卜一年之休咎。"在新春来临之际,人们用爆米花来占卜一年的吉凶,姑娘们则用爆米花来卜算自己的终身大事。这一记录说明中国古代的食品加工不仅仅是煎、炒、烹、炸,还有通过物理上的高温高压原理来改变食物形状和口感的"爆",现代人就用这种加工方式制作膨化食品。

范成大爱好太湖石,赋闲石湖期间他对此亦有精心研究,并著有《太湖石志》。太湖石是园林石料中用得最早、名声最大、最具玲珑之美的名石,范成大在《太湖石志》中对太湖石的特性、作用做了简洁而生动的概括。

范成大还喜欢种植梅花和菊花,他广泛搜集各种品种的梅花和菊花,并著有《梅谱》《菊谱》。

范成大对梅花特别钟情。《梅谱·自序》写他在石湖玉雪坡已经种了数百棵梅树,但是在城中范村修建时,他仍然"以其地三分之一与梅"。他对高洁雅致的梅花给予了崇高的评价:"梅,天下尤物,无问智贤、愚不肖,莫敢有异议。"他在《梅谱》中收录有江梅、早梅、官城梅、消梅、古梅、重叶梅、绿萼梅、百叶缃梅、红梅、鸳鸯梅、杏梅、蜡梅等12种梅花,不仅详细记载了各种梅花的颜色形态,而且也记载了自己对各种梅花的评价,以及有关的考证、逸闻及诗句。在《梅谱·后序》中范成大写出了自己对梅花的审美标准:"梅以韵胜,以格高,故以横斜疏瘦与老枝怪奇者为贵。"并且将画家杨无咎和廉布所画墨梅做了比较,可见范成大对梅花研究之深。《梅谱》是我国现存最早的梅花专著。

范成大在《菊谱》里称菊为君子,并赞叹道:"菊于君子之道,诚有臭味哉!"认为菊花独自傲立秋风中,不与众花为伍,很有君子风范。范成大曾经见到东阳人家的菊图有70种之多,经过他多年的辛勤访求和种植,到淳熙十三年(1186),范村已经有36种菊花。在他的《菊谱》中,现在记下的只有35种,如垂丝菊、鸳鸯菊、十样菊、甘菊、莲花菊、芙蓉菊、茉莉菊、桃花菊等,几乎囊括了当时苏州地区所有的品种,但是范成大还不满意,仍然下决心去"访求他品",想要种尽天下菊。

归隐石湖的范成大在家乡时常与亲戚朋友相聚,享受着亲情和友情。范成大有一个堂兄叫范成象,字至先。范成大

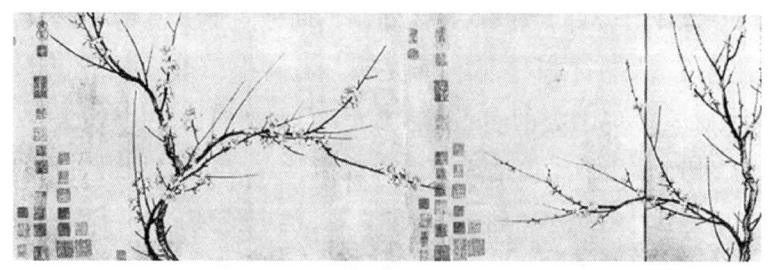

〔宋〕杨无咎《四梅图卷》(局部)(北京故宫博物院藏)

10岁时,范成象考中进士,范成大把这位堂兄当严师看待。范成大和堂兄的感情很是深厚。淳熙五年(1178)年十月,范成大和范成象等人同游西山林屋洞,并题字:"范至先、至能、张元直同游林屋洞天,至先之子葳及现、寿二长老俱。淳熙戊戌孟冬朔"。

淳熙十四年(1187)夏,经杨万里介绍,姜夔来到苏州石湖拜访范成大。此时正值范成大做寿,姜夔写了一曲《石湖仙》为范成大贺寿:"松江烟浦,是千古三高游衍佳处。须信石湖仙,似鸱夷翩然引去。浮云安在?我自爱绿香红妩。容与,看世间几度今古。卢沟旧曾驻马,为黄花闲吟秀句。见说燕山,也学纶巾欹羽。玉友金蕉,玉人金缕,缓移筝柱。闻好语,明年定在槐府。"词中先描绘了范公隐居的环境——有云雾缭绕的吴淞江、有供奉高洁雅士的三高祠,从侧面写出了范成大的高雅和超俗;接着追述范成大的功劳业绩,赞扬了他的舍弃功名、积极引退。自此,姜夔成为范成大家的座上客,也成了范成大的好朋友。

题字在旸谷洞洞口

[清]任伯年《小红低唱我吹箫》

绍熙二年(1191)冬,姜夔冒雪乘船再次拜访范成大,并作有《雪中访石湖》赞美范成大的人品、功绩和文学修养。范成大留他在家住了一个多月。

两人写曲填词,饮酒畅谈。一天,在范村赏梅时,范成大请姜夔为自己谱的新曲《玉梅令》填词。姜夔看到雪中红梅,人面梅花相映,梅花冷香袭人,有了灵感,遂写下两篇咏梅的新词,范成大为之取名为《暗香》和《疏影》。范成大对这两首词极为赞赏,还让家里的乐工与歌女演奏歌唱。歌女小红十分钟爱这两首新词。除夕之夜,姜夔要返回湖州,爱才的范成大成人之美,将小红嫁与姜夔做妾。这夜正赶上大雪纷飞,姜夔从石湖启程,船过吴江垂虹桥时,他即景生情写下一首诗:"自作新词韵最娇,小红低唱我吹箫。曲终过尽松陵路,回首烟波十四桥。"此后,姜夔每次谱曲填词后,小红就为他歌唱,留下一段佳话。

回乡后,范成大将自己的所有诗文编成《范石湖集》。绍熙四年(1193),范成大于病中自编的诗文全集完成,他让儿子范莘向杨万里求序。杨万里写《石湖先生大资参政范公文集序》大赞范公盛名:"至于公,训诂具西汉之尔雅,赋篇有杜牧之之刻深,骚词得楚人之幽婉,序山水则柳子厚,传任侠则太史迁;至于大篇决流,短章敛芒,缛而不酿,缩而不寙,清新妩丽,奄有鲍、谢,奔逸隽伟,穷追太白,求其只字之陈陈,一唱之呜呜,而不可得也。今四海之内,诗人不过三四,而公皆过之无不及者。"

当年九月五日(1193年10月1日),范成大病逝,享年68岁。朝廷赐银光禄大夫,追封崇国公,谥号"文穆"。十二月十三日,范成大被葬于苏州木渎天平山南祖坟南侧。

300年后的明弘治六年(1493),吴县知县史俊在石湖建造"石湖乡贤祠"祭祀以范成大为首的莫子文、卢璞等石湖名人。万历九年(1581),吴县知县傅光宅重建该祠,增祀卢襄、袁袠(zhì)、王宠。现在该祠已无遗迹。清朝时范成大被列入苏州沧浪亭"五百名贤祠",其石像上方四句赞语为"达于政

〔清〕徐扬《姑苏繁华图》(《盛世滋生图》)第五段"石湖风光"(辽宁省博物馆藏)

体,使不辱命,晚归石湖,怡神养性",这是对范成大一生很好的概括。而一代名园"石湖别墅"却随着时间的推移日渐破败,到明朝时已荡然无存。明正德年间,监察御史卢雍和弟弟卢襄来游览石湖时发现石湖别墅已无迹可寻,觉得非常遗憾,卢雍于是在行春桥西建"范文穆公祠"以作纪念。嘉靖年间,卢雍出重金买下范成大手书《四时田园杂兴六十首》真迹,诗卷后面有王鏊、都穆、文徵明等人的题识,十分珍贵。卢雍亲自将范公《四时田园杂兴》诗及《蝶恋花》词摹刻成碑,嵌在祠堂墙壁上。范文穆公祠又称石湖书院,后来成为明代唐寅、文徵明、沈周等文人才子读书作画的地方。20世纪80年代,苏州市政府重修范成大祠堂,陈列范成大纪念史迹,供世代纪念。

范成大诗文赏析

爱 国 诗

范成大是南宋时期著名的爱国诗人。他生于战乱,年少时期饱经忧患,45岁时出使金国,目睹了沦陷区的荒凉残破景象。中年之后,辗转各地做地方长官,不忘边防建设,即便后期归隐田园,也时不时借咏史怀古等篇抒发爱国之情。可以说爱国诗是范成大诗歌创作最重要的内容,爱国诗的创作也贯穿了他生命的始终。范成大的爱国诗包括对国土沦陷、国家衰亡的悲痛,对历史英雄、历史事件的感怀,对国家壮丽山河、关口峡隘的吟颂,对国计民生的关心等。由于使金诗和山川行旅诗将单独分析,故本组爱国诗主要集中在范成大慨叹国土沦陷、抒发报国之情的篇章上。

秋日二绝①(其一)

碧芦青柳不宜霜,
染作沧洲②一带黄。
莫把江山夸北客③,
冷云寒水更荒凉。

【注释】

① 绝：绝句，又叫"截句"，因为截律诗一半（律诗为8句，绝句为4句），所以得名。有五言绝句、七言绝句两种。

② 沧洲：水滨，近水一带，借指隐士居住的地方。这里指诗人所见之处，也可理解为泛指江南水乡之地。芦、柳都是水边所生，一经秋霜，先变成黄色。

③ 江山：山川景物，实际上这里类似"山河""河山"，代指"国土""国家"。北客：字面上可解释为客居江南的北方人，实际指出使南宋的金人。夸北客，就是向金人夸耀。

【赏析】

《秋日二绝》本有绝句两首，是范成大早期家居吴县（今苏州）时所作，这里入选的是第一首。

"碧芦青柳不宜霜，染作沧洲一带黄"两句，绿芦青柳是江南特有的景物，它们虽然翠绿，却经不起秋霜，霜打后会变黄，呈现出一片衰颓败落之象。这两句写江南秋景，首句即切合诗题，虽然是写自然景物，却寄寓了诗人内心的苦闷与迷惘。

"莫把江山夸北客，冷云寒水更荒凉"，题意上是一个转折，就是不要再向金人夸耀国土了。战争之后，南宋只剩下残山剩水，冷云寒水，不比北方的荒野沙漠更好，实在没什么好夸耀的。

范成大生于宋钦宗靖康元年（1126）六月初四，正是金人攻打汴京，北宋濒临灭亡之时。范成大出生5个月后，女真族攻破了汴京，徽、钦二帝被掳北去，山河破碎，民族危亡。建炎四年（1130）范成大5岁时，金兵自临安退兵，进入平江府，即范成大的家乡，烧杀掳掠。后来金人退兵，宋兵又昼夜搜攫，给苏州人民带来了更深重的灾难，加上当年平江府爆发的瘟疫，百姓横尸街头者不计其数。苏州素称江南佳丽之地，是人间天堂,然而在金军、官军及瘟疫的肆虐下,一时几乎被夷为平地。"莫把江山夸北客"则含义丰富,字面上指宋朝偏安江南,残山剩水,实在没什么可向北客夸耀的,深层次则又寄寓着对南宋朝廷的讽刺。

此诗融情入景,有议论,有讽刺,是范成大青年时期诗歌的代表作,与林升《题临安邸》"山外青山楼外楼,西湖歌舞几时休?暖风熏得游人醉,直把杭州作汴州"中的直接讽刺不同,这首诗写得比较隐晦,属于"暗讽",这也与范成大生于忧患、善于隐忍的性格有关。

浙江小矶①春日

客里无人共一杯②,
故园桃李为谁开?
春潮不管天涯③恨,
更卷西兴④暮雨来。

【注释】

① 矶:水边石滩或突出的岩石。这里指钱塘江边浙江渡、鱼山渡附近的某个石矶。

② 客:在家为主,出门为客,此指离家独处。一杯,指酒,这里指无人共饮。

③ 天涯:天边。天涯、海角都是指极远的地方。这里并不拘于距离上的绝对远近,凡是背井离乡都可以说身在天涯。此时,诗人身在浙江,离苏州虽不远,却也有离乡背井之感,所以也用"天涯"二字。

④ 西兴:渡口名。在今浙江省杭州市萧山区西北,向来是军事要地,商旅必经之处。

【赏析】

此诗也是范成大的早期作品之一。范成大十几岁时,父母亲相继病故,为了生计,他经常在江浙间奔忙。这首诗正是其在浙江的思乡之作。浙江,即钱塘江边的浙江渡。一个春日的傍晚,诗人来到渡口边的一块石矶上,看到春潮翻涌,心中也不由自主地涌现出悠悠诗思。

"客里无人共一杯",一个"客"字,即点明漂泊异地的寂寞之情。诗人为了生计漂泊浙江,举目无亲,连陪同喝酒的人都没有。为了排解忧愁,诗人来到江边散心。

"故国桃李为谁开?"承接上句诗意,并暗合"春"字。诗人揣想家园的桃李在春天必然繁花盛开,可惜的是,主人却身在异乡,不能品赏,真是让人怅惘。现实当中,桃李应时而绽放,是无所谓为谁而开的,但在诗词当中,诗人往往痴情地认为是专门为爱花的主人开的,特别是"故园"的桃李本身就暗含了深深的思念。主人不在,盛开的桃李也因无人欣赏而无限寂寞。这里从对面落笔,不仅人孤单,花也寂寞,相互思念中饱含着深挚的乡情旅思。

"春潮不管天涯恨,更卷西兴暮雨来",古人常用"春水"喻愁。诗人由思念故园桃李回到现实,写钱塘江汹涌的春潮不管游子的乡愁别恨,兀自汹涌翻卷,更卷过隔江"西兴"的暮雨,来平添一份更深沉的烦恼。西兴,位于钱塘江南岸萧山西北,与杭州隔岸相对,春秋时范蠡曾在此筑城固守,时称"固陵"。吴越之战,越国战败,越王勾践沦为阶下囚。入吴之际,国人在西兴饯行,勾践决心忍辱负重,以报仇复国。所以,西兴可以说是此诗的"诗眼"。"西兴暮雨"也隐喻南宋半壁江山沦落敌手,无奈的是却无人立志复国报仇,更是引人无限惆怅。

该诗借眼前之景抒思乡之情,并由"西兴"怀古,而抒爱国报国之意,更暗含对南宋朝廷不思报国的不满与无奈,寥寥数句,含蓄蕴藉,深情款款。

代圣集①赠别

一曲悲歌水倒流②,尊前何计缓千忧?
事如梦断③无寻处,人似春归挽不留。
草色粘天鹈鴃④恨,雨声连晓鹧鸪⑤愁。
迢迢绿浦⑥帆飞远,今夜新晴独倚楼。

【注释】

① 圣集:人名,范成大的朋友。

② 倒流:水从下游流向上游。

③ 梦断:指好梦破灭,梦醒。

④ 鹈鴃:杜鹃鸟。杜鹃传说为蜀帝杜宇精魄所化,凡鸣叫必然面向北,鸣声为"不如归去",是古人去国怀乡情感的寄托。

⑤ 鹧鸪:又名越鸟,是一种生活在南方的鸟类。鹧鸪飞不过长江,也只愿意在南方,不想去北方,古人拟其鸣声"但南不北",后来宋人又拟其声为"行不得也,哥哥"。

⑥ 浦:水滨。常代指送别之处。

【赏析】

这首诗是范成大的早期赠别之作。圣集,范成大的友人,范成大另有《从圣集乞黄岩鱼鲊》《圣集夸说少年俊游用韵记其语戏之》等诗,可见与其交情不浅。从题目看,这首诗是赠别诗,但其中暗含了丰富的家国之思。

"一曲悲歌水倒流,尊前何计缓千忧?"开门见山,以一"悲"字为全诗奠定基调,意思是这首歌过于悲伤,可令春水倒流,由此可以想见诗人愁怀之深。为了解愁,诗人借酒浇愁,无奈"抽刀断水水更流,举杯浇愁愁更愁"(李白《宣州谢朓楼饯别校书叔云》),心中忧愁太多,饮酒显然是无济于事的。那么,为什么诗人如此悲愁呢?

颔联"事如梦断无寻处,人似春归挽不留"承接上联,解答了原因。说人生美事就像美梦一样,醒了之后就再也找寻不到,而友人远走他乡,也像春归一样无法挽留。该句对仗工整,情意深沉,在依依惜别之中暗藏着不尽的人生唏嘘之感。

颈联"草色粘天鹈鴂恨,雨声连晓鹧鸪愁",转折深化,以杜鹃、鹧鸪两鸟的叫声寄寓家国之感。杜鹃、鹧鸪都是南方之禽,杜鹃鸣叫的时候必然面向北方,此句寄托了诗人的北伐之志,然而它"不如归去"的叫声,似又暗指北伐志愿难以实现的必然结局。鹧鸪是越鸟,鸣声"行不得也,哥哥"同样暗寓北伐复国事业无法成功的深切悲愁。"草色粘天",指远处草地与天相连,空间无限拓展,也让家国之恨无限延伸。"雨声连晓"则就时间而言,夜以继日地下雨。在古人看来,杜鹃和鹧鸪啼鸣的时间不同,杜鹃往往在傍晚和着暮雨开始啼鸣,彻夜不休。鹧鸪则于白天开始啼鸣,因此叫"雨声连晓"。当然也可以理解为整夜下雨,清晨又听到鹧鸪声,牵引起满腔愁绪。

结句"迢迢绿浦帆飞远,今夜新晴独倚楼"点题,由水边送别、片帆远去的离别之景,联想到别后独自倚楼伤怀的情境,着一"独"字,孤独之感顿生。

这首诗中,诗人将身世之感、家国之思融入眼前之景,并入离情别绪,对仗工整,意境高远。

赏心亭①再题

天险②东南重,兵雄百二③尊。
拂云千雉绕④,截水万崖奔⑤。
赤日吴波动,苍烟楚树昏⑥。
向无形胜地,何以控乾坤⑦?

【注释】

① 赏心亭:在建康(今江苏南京)西下水门城上,是北宋丁谓所建,为宋代时的金陵胜迹。

② 天险:指天然险要之地。大江、高山、窄道等都可以称为天险。这里指建康据长江为天险,为东南重要区域,地理位置十分险要。

③ 百二:以二敌百,比喻山河险固。此处指在建康拥兵两万足可抵挡百万兵马。

④ 拂云:上拂云彩,形容墙非常高。千雉:极写城垣之长。雉是古代计算面积的单位。长三丈、高一丈为一雉。千雉,长三千丈。

⑤ 奔:言钟山山势连绵,截断长江之水,如在奔驰。极写钟山山势之险。

⑥ 吴:泛指东吴,即长江以南广大地区,为南宋辖区。楚:指楚州,今江苏淮安一带,此时那里已经成为沦陷区。此两句暗示建康为南北关锁。

⑦ 乾坤:天地,此指天下、国土。指如果没有这样的险要之地,怎么能守得住天下呢?

【赏析】

该诗作于宋高宗绍兴二十三年(1153),范成大28岁从家乡吴地到建康参加漕试之时。其间范成大广游金陵名胜,并曾赋诗盛赞金陵的形胜,《赏心亭再题》即是其中一首。之前,范成大有《重九独登赏心亭》诗,所以这里用"再题",诗虽题赏心亭,实际上是咏建康之事。

据史书记载,宋高宗南渡时就有人劝他以建康(今江苏南京)为行都,利用天险之地慢慢收复失地。但一来南京距离抗金前线过近,二来宋高宗出于私心,并不想恢复中原,加之南宋建国初期接连逃亡留下了的心理创伤,这一忠谏并未被高宗采纳。范成大此时虽仅是一个举子,人微言轻,但登临赏心亭仍不由得思绪纷飞,并借诗歌一抒心境。

首联"天险东南重,兵雄百二尊"写建康据长江天险,地理位置十分重要。南京地处长江南岸,有石头城坚固的城墙,东又有钟山之卫,龙盘虎踞,是"帝王之都"。"兵雄百二尊"指在建康拥兵两万足可抵挡百万兵马,说明南京易守难攻,也暗含"建都南京"的优势。

颔联"拂云千雉绕,截水万崖奔"承接上句,写诗人登上赏心亭所见之景,具体写石头城及钟山的坚固雄伟。"拂云"写石头城之高,能向上拂白云。"千雉绕"意思是石头城非常长,足以环绕拱卫建康城。"截水万崖奔"是说钟山截断长江,山势非常险峻;"奔"字,形容钟山如在奔跑,极有飞动之感。这一联承接上句,具体写出"天险"所指。

颈联"赤日吴波动,苍烟楚树昏"转折,即由历史转入现实,建康以南,红日炎炎,照临在江河之上,碧波生辉。反观建康以北的楚州,则沦入金人之手,万木笼罩于昏暗之中。这里再次说明建康是南北关锁,暗示南宋朝廷若建都于此,必定如旭日中升,振兴国家有望。

尾联"向无形胜地,何以控乾坤?"意思是假使没有长江、石头城、钟山这样的天险,朝廷又怎能把天下控制得住呢?这一联与首联相呼应,范成大在充分描绘建康地理优势的基础上,隐约地表达了希望朝廷建都建康的政见。

这首诗在艺术上成就也颇大,不仅颔联、颈联对仗工整,"绕""奔""动"等词也非常有气势,给诗歌以雄奇悲壮之美,借咏江山之胜含蓄委婉地表达了建都南京的政见,与范成大的前期诗风一脉相承。

胭脂井①三首(其一)

昭光殿②下起楼台,

拼得山河③付酒杯。

春色已从金井去,

月华空上石头来④。

【注释】

① 胭脂井:南朝陈景阳宫的景阳井,在南京玄武湖侧台城内景阳楼下。井有石栏,呈红色,好事者附会为胭脂所染,呼为胭脂井。

② 昭光殿:本作光昭殿,是陈后主专门为宠幸张丽华而修筑的。至德二年(584),后主在光昭殿前建临春、结绮、望仙三阁,高数丈,广数十间,窗户、门栏都用檀香木建成,并用金玉珠翠、珠帘、宝帐装饰,微风一吹,香闻数里;陈后主并在此积石为山,引水为池,广植奇木花草,极尽奢华之能事。陈后主住临春阁,其宠妃分住另两阁,酒色荒淫,夜以达旦。

③ 山河:即国家。

④ 石头:指石头城,又名石首城,故址在今南京市清凉山。石头城本是楚国金陵城,孙权重筑后改名。石头城负山面江,南临秦淮河口,当交通要冲,六朝时为建康军事重镇。唐以后,城废。此句化用唐刘禹锡《石头城》"淮水东边旧时月,夜深还过女墙来"句,指前尘往事已经不再,只有月亮依

然空照古城。

【赏析】

《胭脂井》三首是范成大的咏史诗,同样作于宋高宗绍兴二十一年至二十四年(1151—1154)范成大赴建康参加漕试期间。此间,范成大游览了建康的各处风景古迹,并由历史遗迹触发了种种诗思,写下了不少诗作,如《望金陵行阙》诸诗,《胭脂井》亦是。

胭脂井的出名,主要与其另外一个名字"辱井"相关。隋军攻来时,陈后主和张丽华、孔贵嫔曾躲入井中以避兵祸,后来被人搜出。因三人是在此井被俘,故此井又被称为"辱井"。三首《胭脂井》诗吟咏的也就是此事。这里选其中的第一首来赏析。

首句"昭光殿下起楼台",指陈后主大兴土木,广建亭台楼阁,劳民伤财。"昭光殿"即光昭殿,其下所建的楼台有临春、结绮、望仙三阁,陈后主经常与妃娘近臣饮酒行乐其中。

"拼得山河付酒杯",指陈后主甘心把山河托付在酒杯之中,即用夜以继日的酒色荒淫来换国家大好河山。当时,隋文帝已经统一北方,正秣马厉兵,准备飞渡大江统一全国。陈后主对此情势全然不顾,依然沉迷在声色享乐中,不能自拔。

颔句"春色已从金井去",暗指陈朝灭亡。"春色"指陈后主做皇帝的大好时光,兼切临春阁的"春"字。"金井"即胭脂井。"春色"从"金井"里跑掉,预示着陈朝灭亡。据《陈书·后主本纪》载:陈后主听说隋朝将军韩擒虎攻入建康后,就匆忙决定与十几个宫人一起到胭脂井躲避。当时,服侍他的袁宪苦苦劝说也没用,后阁舍人夏侯公韵甚至用身体挡住井口,不让他们进入。后主与其争斗了很久,终于得偿所愿。但胭脂井并不能真的庇护他们,到了晚上他们依然被隋军捉住,陈朝最终灭亡。

末句"月华空上石头来",写一轮明月爬上了石头城,前尘往事已经不再,只有月亮依然空照古城。诗人借景抒情,委婉地表达了其叹惋之情。一个"空"字,内涵深刻,尽管仍有月华照临,但当年临春、结绮的盛况已不可再,南朝陈也已经灭亡。

这首诗咏史讽今,不仅揭示了陈后主荒淫无道终致亡国的史实,同时也暗讽时事。正如林升诗中所言"山外青山楼外楼,西湖歌舞几时休!"在金国攻打入境的时候,南宋朝廷不仅不奋起反抗,收复失地,反而饮酒享乐,不思进取,跟陈后主也没有多大差别,最终也必然会招来亡国的危机。

在艺术上,这首诗延续了范成大委婉含蓄的诗风,明写历史,暗讽时事。语言也很有特色,如"拼得山河付酒杯"一句,富于比喻性、象征性。结句化用刘禹锡"淮水东边旧时月,夜深还过女墙来"(《石头城》)诗意,兴亡盛衰之感跃然纸上。

癸水①亭落成,示坐客

长老之记曰:癸水绕东城,永不见刀兵。余作亭于水上,其详具记中。

  天将福地巩严城②,形胜③山川表里明。
  旧说桂林无瘴气④,今知漓水辟刀兵⑤。
  云深铜柱边声乐⑥,月冷珠池海面平⑦。
  愿挽江流接河汉⑧,为君直北洗欃枪⑨。

【注释】

① 癸水:漓江的别称。
② 福地:神仙居住之处,代指幸福安乐之地。严城:戒备森严的城池。诗中的福地、严城都指桂林。
③ 形胜:本指山川壮美,这里亦含地理位置优越、地势险

要之意。

④ 旧说：原先有说法。白居易在《送严大夫赴贵州》诗中有"桂林无瘴气，柏署有清风"句，范成大此句大概根据此诗。瘴气：指南部、西南部地区山林间湿热蒸发能致病之气。

⑤ 此句源于小序"癸水绕东城，永不见刀兵"。

⑥ 铜柱：铜制的作为边界标志的界桩。这里用马伏波将军远征交阯的典故。按《后汉书·马援传》：马援到交阯（广东、广西、越南一带）后，在边界立铜柱，作为汉朝国土的界限。边声：这里指边境上羌管、胡笳、画角等乐器发出的声音。

⑦ 珠池：产珍珠的海域。据唐《岭表录异》：廉州（广西）边海中有洲岛，岛上有大池，就是珠池。按宋朝律法，海边的人每年要向朝廷进贡珍珠，由此，采珠人为了采集更多的珍珠，经常落水被大鱼所害。此句指绍兴二十六年，范成大奏请朝廷免除了贡珠。

⑧ 江流：此指漓江。河汉：黄河、汉水的并称，代指汉文化的发源地。

⑨ 材枪：疑为欃枪，彗星的别名。古人认为是凶星，代指邪恶势力。这里当指入侵大宋的金人。

【赏析】

该诗当作于乾道九年至淳熙元年（1173—1174），范成大在桂林任职期间。桂林虽地处偏远，但风景秀美，范成大曾盛赞桂林山水"诚当为天下第一"。此诗便是他热爱、盛赞桂林山水及桂林淳朴民风的佳作。同时，范成大也借桂林远离战火之特点，表达了他对祖国统一、收复失地的信心和远大志向。

首联"天将福地巩严城，形胜山川表里明"，意思是上天把这一块福地赐予桂林，桂林地处南岭山系西南，东有漓江绕城，山川壮丽险要，城池戒备森严，是天然的远避战火的福地。这是对桂林的盛赞。

颔联"旧说桂林无瘴气,今知漓水辟刀兵","旧说"当指白居易言,范成大在到桂林之前便对桂林做了详细的调查。桂林地处西南却没有瘴气,东有漓江,有利于远避战争。该诗前四句照应诗前小序"癸水绕东城,永不见刀兵",表达了诗人对于桂林的盛赞和美好祝愿。

颈联"云深铜柱边声乐,月冷珠池海面平",诗意一转,赞誉了朝廷对于岭南一带的统治和惠政。分别用东汉伏波将军马援平定岭南的典故及南宋朝廷免除廉州贡珠的惠政,说明桂林虽地处荒远,但自古就是汉家属地,且在朝廷的治理下人民安居乐业。此联显示了作为一府之长的诗人对于桂林的关心和了解,以及对朝廷的忠诚。

尾联"愿挽江流接河汉,为君直北洗材枪"极其豪迈,借用江流、河汉的对接,表达了诗人希望荡平北方侵略势力,收复失地、统一祖国的豪情壮志。

这首诗是范成大诗中少有的既轻松而又豪迈的篇章。范成大少年聪慧,但命运多舛,不仅自小体弱多病,且不到成年就连遭亲丧,所以性格难免少年老成、含而不发。像"愿挽江流接河汉,为君直北洗材枪"这样的诗句在其诗词中并不多见,而能在这里得以抒发,可见桂林绮丽的山水及醇厚的民风对诗人心灵的影响。

题张戡蕃马射猎图①

阴山碛中射生虏②,马逐箭飞如脱兔。
割鲜③大嚼饱何求? 荐食中原④天震怒。
太乙灵旗方北指⑤,挲縖逃归莫南顾⑥。
猖狂若到杀胡林⑦,郎主犹跐何况汝⑧?

【注释】

① 张戡：北宋初期瓦桥人。画家。《蕃马射猎图》是张戡著名画作，今佚。

② 阴山：山脉名。即今横亘于内蒙古自治区南境、东北接连内兴安岭的阴山山脉。山间缺口自古为南北交通孔道，是我国北方的屏障。碛（qì）：沙漠。虏：对北方少数民族的蔑称。

③ 割鲜：宰杀牲畜，犒赏将士。

④ 荐：屡次。荐食，即不断吞并、蚕食。中原：此泛指中国。

⑤ 太乙：星名，即帝星，又名北极二。因离北极星最近，故隋唐以前文献多以之为北极星，这里代指帝王。灵旗：战旗。古人出征前必祭祷，以求旗开得胜，故称灵旗。帝王战旗北指，指朝廷向金发起战争，收复失地。

⑥ 辔：马缰绳。此句比喻金人牵起马缰奔走逃命的情形。

⑦ 杀胡林：地名，在今河北省栾城西北。按《续通典》，唐武则天时期曾在今河北省栾城大败突厥，斩杀甚众，所以名此地为"杀胡林"。胡，就是胡人，唐朝时对少数民族的称谓。

⑧ 郎主：北方少数民族对君主的称谓。䏑，腌肉，这里用典，按《新五代史·四夷附录一》：耶律德光行至栾城时生病，最后死在了杀胡林。契丹人为了保存其尸体，就将他剖肚去肠，用盐腌上，晋人称之为"帝䏑焉"。

【赏析】

这是一首题画诗，抒发了作者对金人的愤恨及渴望收复失地的爱国之情。约作于宋孝宗淳熙十年（1183），范成大晚年归隐石湖后。

张戡，北宋初期画家，居住在燕山附近，颇能够描绘胡人番马的形骨之美。范成大晚年时看到其《蕃马射猎图》，不由

得感情涌动,写下此诗。与其前期诗篇的含蓄内敛不同,此诗刚直激切,气盛辞壮,颇具盛唐边塞诗之风。因为是题画诗,诗人将战场设定在河北、内蒙古一带的北方地界,相较于淮河、大散关,更有传统边塞诗的意味。

首联"阴山碛中射生虏,马逐箭飞如脱兔"是对画中场景的直接表现,诗人以飞动之笔描绘了两军交战的激烈场面:阴山大漠之中,汉军飞羽快马,射杀生虏,行军速度异常迅疾。阴山自古就是汉族人在北方抵御少数民族的屏障,汉唐与少数民族之间的战争多发生在这里。

颔联"割鲜大嚼饱何求?荐食中原天震怒"承接上句,意思是宰杀牲畜、犒劳三军是为了什么呢?当然是因为番人屡次进犯中原,引来朝廷震怒,所以派兵围剿。这里的"天",也可理解为汉族朝廷。"割鲜大嚼",表现了士兵大口吃肉的豪情,有边塞诗歌特有的豪放不羁之美。

颈联"太乙灵旗方北指,挛鞮逃归莫南顾",描绘了华夏逐虏战争"一边倒"的局势。帝王的战旗刚指向北方,番军便四散逃窜,再也不敢南侵。这无疑寄托了诗人美好的战争理想。尽管与南宋偏安江南、军力不振的事实不符,但诗人仍然以题画为契机,借助想象,表现了宋军的威武。

尾联"猖狂若到杀胡林,郎主犹靶何况汝"更进一步深入主题:即便番军丧心病狂,南侵华夏,杀胡林终将成为其埋骨之地。"郎主犹靶何况汝?"用反问句,说即使是首领到此也要被制成腌肉送回,何况是你们这些无名小卒呢?充满了对金军的讽刺和轻蔑,也彰显了大国的权威和自信。

这首诗是范成大诗歌中少有的豪迈之作,充满"盛唐风味",可惜的是,这样的豪情、这样的战争场面只存在于诗人的想象中,与现实相距甚远。

使 金 诗

范成大有使金诗七十二绝句,是宋孝宗乾道六年(1170)范成大出淮使金时所写。按内容分,大致有以下几种:针对沦陷区景色而写的爱国诗,抒发瞻望收复河山的心怀;借古人古迹而抒发感慨,批评朝廷的错误;写沦陷区人民盼望祖国恢复;描写金国的风土习俗以及种种破败、落后、野蛮的景象;抒发诗人自己的报国之心等。

汴 河①

汴自泗州②以北皆涸,草木生之。土人云:本朝恢复驾回,即河须复开。

指顾③枯河五十年,

龙舟早晚定疏川④?

还京却要东南运⑤,

酸枣棠梨莫蓊然⑥。

【注释】

① 汴河:河南荥阳西南索河,自今河南荥阳东北接黄河,

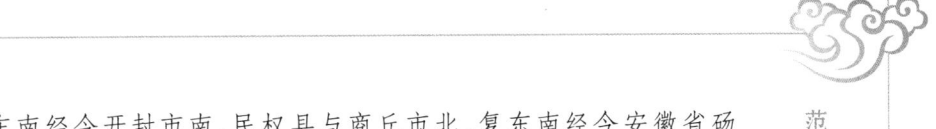

东南经今开封市南、民权县与商丘市北,复东南经今安徽省砀山县、萧县北,至江苏省徐州市北入泗水。

② 泗州:在今江苏盱眙县境内,南宋"绍兴和议"后割让给金。

③ 指顾:手指目顾之间,形容时光流逝之快。

④ 龙舟:皇帝乘坐的船。早晚:这里是口语"多早晚",即何时。定,同样是问语,究竟。疏:开浚;开通。

⑤ 京:这里指北宋故都汴京(今河南开封)。东南运:指汴京的粮漕须自东南由水道通运。却:再度、重新的意思。

⑥ 蓊(wěng):草木茂盛的样子。酸枣棠梨,都是荆棘类野生植物,说明该区域荒凉,人迹罕至。

【赏析】

这首使金诗是范成大使金七十二绝句中的第二首。"绍兴和议"后,南宋向金称臣,割地赔款,以淮河—大散关为界,划分南北。之后每年宋金之间使节来往不断。宋孝宗即位后北伐金国,不幸失利,又与金签订了"隆兴和议",南宋由向金称臣改为以叔侄相称,并割商、秦之地给金。

乾道六年(1170),宋孝宗命范成大假资政殿大学士出使金国。此次出使,范成大身负两项任务:请金归还宋王室的陵寝地,并自请更改受国书礼仪。特别是后者,几乎是不可能完成的任务,甚至不能被写入"国书",而需要范成大以"私书"强请。范成大明知此去危险,却依然决然前往,最终金仅答应归还宋钦宗梓宫,宋廷所请二愿,均未达成。然范成大深入边境,在己方劣势的条件下与金交涉,毫不退缩,表现了大无畏的抗争精神,最终"全节而归"。范成大在使金途中写下了《揽辔录》日记一部、使金七十二绝句及数篇著名词作,《汴河》即其中一首。

汴河,古称汴水,自古便是中原通往东南沿海地区的重要水运干道,对促进中原和江淮地区之间的经济发展起了重要的作用。然而随着北宋的灭亡,南宋与金划淮为界,泗水以北的那段河道不久即湮废,正如诗序所言:"自泗州以北皆涸,草木生之。"

首句"指顾枯河五十年"照应序中题意,转眼之间,汴河已经干涸50年了。宋钦宗靖康二年(1127)北宋灭亡,至孝宗乾道六年(1170)范成大出使金国,有近50年的时间。五十年的时光,转瞬即逝,汴河也已干涸了!范成大出使金国,渡过淮河,四望满目疮痍,最先给诗人以深刻感触的就是这条汴河。昔日的通渠大河如今已湮为平地,杂草丛生。这样的巨变,触发了诗人沉甸甸的悲哀,不由自主地便提出了下面的问句。

"龙舟早晚定疏川?"是个问句,是询问南宋朝廷究竟何时才能重新疏浚汴河,使龙舟得以通行无阻。这表面是问疏通河道,实际上是问北伐复国,无疑,只有在自己的国土上才能开河通渠,让"龙舟"畅行无阻。这也是古典诗歌中常见的写法,让诗歌显得含蓄而有韵味。这个问句,表达了诗人内心的怀疑与不确定,更显沉郁悲哀。

"还京却要东南运,酸枣棠梨莫葧然。"宋时运河由汴水经汴京东流至商丘,然后向东南经安徽宿县、灵璧、泗县等地转而入淮河,金军占领淮河以北后,这条路线随即被废。这两句诗照应了诗前小序"土人云'本朝恢复驾回,即河须复开'",无论是就句意还是情感都是一大转折。意思是酸枣棠梨这些野草荆棘,你们别这么恣意张狂地茂盛了,汴河早晚是要被疏通的,届时行人回汴京,必然要借助这条东南水运,到时等待你们的该是怎样的命运呢?答案是不言而喻的,自然是要被铲除干净。作者由深深的疑虑转为满满的信心与真切期待。

作为一首七言绝句,《汴河》语言通俗流畅,含蓄而韵味深刻,在诗意及情感表达上曲折委婉,一唱三叹。

宜春苑

旧宋门外,俗名"东御园"。①

狐冢獾蹊满路隅②,行人犹作"御园"呼。

连昌③尚有花临砌,肠断宜春寸草无。

【注释】

① 旧宋门:指汴京旧城东面的一门,正名"丽景门",金改名"宾曜门"。御园:皇家园林。

② 獾:一种小兽,形如狗而短腿,喜欢挖土筑穴土而居。狐冢獾蹊,采用互文的修辞手法,描绘昔日的皇家园林如今却满是狐狸、獾的洞穴和道路。

③ 连昌:连昌宫,唐宫殿名,安史之乱后荒废很久。

【赏析】

此诗是范成大使金七十二绝句中的第十一首。宜春苑,是范成大进入故都汴京之后首先关注的景观。诗人在《揽辔录》中记载:"丁卯过东御园,即宜春苑也,颓垣荒草而已。"这里,诗人再次以深情之笔描绘了昔日繁华美丽的皇家园林沦为"狐冢獾蹊"的破败景象。

首句"狐冢獾蹊满路隅"直接写景,再现了当时宜春苑满园荒凉的景象。狐狸和獾的巢穴一般都在荒僻之处,"满路隅"不是说明狐狸和獾的猖獗,而是借此表现宜春苑的荒凉。

第二句"行人犹作御园呼",一个"犹"字饱含深情。尽管宜春苑已经沦为"狐冢獾蹊",但行人还是深情地称之为"御园"。这里的行人,一说为"路上的行人"指汴京遗民,在他们心中这里依然是皇家园林,体现了北方人民的故国之思。一说"行人"指诗人自己。诗人出使金国,路过汴京,特意来看看昔日的皇家园林,不料却看到了如此残败之象,即便如此,在诗人眼中,它依然是皇家的园林。这充分表现了诗人对祖国的眷恋与热爱。

最后两句"连昌尚有花临砌,肠断宜春寸草无",化用了元稹《连昌宫词》的词意。唐朝安史之乱后,作为皇家园林的连昌宫,由于战争的破坏,也荒废了很久。《连昌宫词》对其景象多有描述,后又言"上皇偏爱临砌花,依然御榻临阶斜",尽管连昌宫已经荒废了,但是唐明皇还是很喜欢这里的花草,依然时不时来下榻观赏。但同样是皇家园林的宜春苑又是怎样的呢?"肠断宜春寸草无",这里的"寸草"不能机械地理解为小草,应该是指经人培育的花草。并不是宜春苑中没有草了,而是沦为"颓垣荒草而已"(《揽辔录》)。通过对比,谁的命运更加悲惨,是可以想见的。

其实这里还有更深一层含义。唐之连昌宫、宋之宜春苑有很多相似之处,但为什么连昌宫依然被皇帝流连,而宜春苑则"寸草无"呢?自然是因为唐朝收复了长安,而宋汴京则沦入金人之手。因此,这里无疑寄托着诗人对于国家分裂的悲伤,也委婉地表达了对于南宋朝廷的谴责。

《宜春苑》虽然只是一首七言绝句,但它包含的信息量很大,不仅有国家破亡的"黍离之悲",有昔盛今衰的唏嘘之感,更有对朝廷的谴责及对未来的期许。艺术上,作为一首非常出色的绝句,它自然、含蓄而有韵味,融情入景,取类比象,体现了诗人高超的艺术修养。

州 桥①

南望朱雀门,北望宣德楼,皆旧御路也。②

州桥南北是天街③,

父老年年等驾回。

忍泪失声询使者:

"几时真有六军④来?"

【注释】

① 州桥:"天汉桥"的俗称,宋时称东京为"舟",后讹为"周桥",跨汴河。朱雀门:汴京的正南门,宫城(大内)的正门楼,金改成"承天门"。

② 宣德楼:在皇宫正门内,列五门,门均用金钉朱漆装饰。

③ 天街:京城中的街道,此指御街。按《东京梦华录》:当时的御街非常繁华,市人在其间做买卖,汴河尽植莲荷,两岸植满桃李梨杏,杂花相间,春夏之间,望之如绣。

④ 六军:周朝军制以12500人为一军,天子有六军。这里指王师,故国之军。

【赏析】

《州桥》是范成大使金七十二绝句中最著名的一首,深受历代诗词选家的青睐。诗歌主要描写沦陷区人民盼望祖国恢复的急切之情,主题鲜明。其不凡之处,主要在艺术表现上。

首先,这首诗舍弃了传统古典诗歌由景入情、情景交融的写法,而主要截取了一个生动的场面,有人物、有环境、有情节、有对话,这在诗歌中比较少见,也不容易实现,特别是在以短小精悍见长的绝句里。

前两句"州桥南北是天街,父老年年等驾回",用白描手法勾勒出州桥的位置及州桥边故事发生的场景。州桥,处在曾经的汴京最繁华地段,南面北面都是御街。如今在这里中原父老年年都等待着皇帝车驾的回归。诗人行经此地,不直写自己内心的亡国之痛,而是从对面落笔,对中原父老的处境进行描绘。"父老"身历宋、金两朝,对故国的怀念远比青年人深切,他们年年盼望官军收复失地,却年年失望而回,一个"年年"、一个"等"字,尽显期盼之情。

后两句"忍泪失声询使者:'几时真有六军来?'"则通过一句问话,含蓄而深刻地表现了父老及诗人的复杂心境。与前两句的白描手法不同,这里对父老的情态、语言等细节都进行了精雕细镂。"忍泪失声"是情态描写,将中原遗民年年等待年年失望,既沉痛又期盼的心境刻画得入木三分。一个"询"字,不仅表达了下位者——父老对上位者——使臣的尊敬,更表现了父老对这件事的慎重及小心翼翼。

"几时真有六军来?"什么时候才真有朝廷的军队到来?乍看这只是父老的一句问话,然"真有"二字含义却极其深刻:父老饱含着期待,盼望朝廷军队快点北上收复汴京。它与现实形成了强烈的反差。正因为现实中"真没有",真的让人很失望,所以其期待才尤其热切、真实;这个问句不仅饱含着中原父老的谴责:为什么没有?为什么还不发军?还暗含了诗人对现实的无奈与批判。

范成大这首诗与陆游的《秋夜将晓出篱门迎凉有感》"遗民泪尽胡尘里,南望王师又一年"用意颇为相似,与陆诗的白描相比,这两句无疑刻画得更为细致、生动,尤其最后一个问句含义极丰富,真有力透纸背之感。但是纵观全诗,它的语言又极其平易简单,很好地诠释了宋代诗"平淡而山高水深"的特点。

蔺相如①墓

在邯郸县南,延袤数十里。

　　玉节经行虏障深②,
　　马头酾酒奠疏林③。
　　兹行璧重身如叶④,
　　天日应临⑤蔺心。

【注释】

① 蔺相如:战国时赵国上卿,曾出使秦国,完璧归赵的主人公。

② 玉节:玉制的符节。古时天子、王侯的使者出使时的凭证。此时南宋与金为叔侄之国,宋使用"南宋玉节"以解嘲。实际上这时的使臣已经不执玉节,但须给对方敕牒为凭证。虏障:金国的边防城堡。

③ 酾酒:滤酒、斟酒。此句即滤去酒糟,用清酒祭奠亡人。

④ 典出"完璧归赵"。璧重:和氏璧重要,比喻所负使命重大。身如叶,指自己生命轻微,表达了作者拼死也要完成使命的决心。

⑤ 临:照临,指天地为证。

【赏析】

这首诗是范成大使金七十二绝句中的第三十五首,也是一首咏史诗。乾道六年(1170),范成大奉命出使金国,途经河北邯郸,参观了蔺相如墓后留下此作。

邯郸是战国时期赵国的都城,诗歌前小序指明蔺相如墓"在邯郸县南,延袤数十里"。蔺相如是赵国有名的宰相,《史记·廉颇蔺相如列传》记载了蔺相如一生的功绩,其中最有名的就是"完璧归赵"故事,讲的是蔺相如凭借机智出使秦国,在敌强我弱的情况下,不辱使命将和氏璧带回赵国的故事。范成大同样是在敌强我弱的情况下奉节使金,也同样肩负着看似完不成的任务,他经过邯郸时缅怀吊唁蔺相如,其内心感情的复杂可想而知。

前两句"玉节经行虏障深,马头酾酒奠疏林",点明题旨。意思是诗人经过多天行程,已经走得很远,到了金国的腹地。诗人用一"深"字表达邯郸距离宋金边界已经很远的事实。此时,诗人来到蔺相如墓前斟酒祭奠,略表敬仰之情。范成大六月从临安出发,到达邯郸的时候应当正值深秋,此时百木凋零,满目苍凉,所以诗人用"疏林"二字写景,更给人一种庄严肃穆之感。

"兹行璧重身如叶,天日应临慕蔺心",诗人由眼前之景转入对历史功绩的感怀与对未来愿景的描绘,不仅是写蔺相如深入强秦的心境,更是对自己的期许。"璧重"与"身轻"形成鲜明的对比,表达了诗人决意效仿蔺相如誓死完成任务的大无畏精神。诗人景仰蔺相如的心,唯天日可鉴!

据史料记载,当时宋孝宗向左右相陈俊卿、虞允文提出这次出使的任务时,立刻遭到了陈俊卿的反对,虞允文则向宋孝宗推荐了李焘和范成大。李焘也是当时很有气节的名士,一听到要私请金国国主改变宋接受国书的礼仪,非常震惊,他说:"今往,金必不从,不从必以死争之,是丞相杀焘也!"李焘认为这是让自己去送死。范成大则慨然请行。临行前说:"无故遣泛使,近于求衅,不戮即执,臣已立后,仍区处家事,为不还计,心甚安之。"(见《续资治通鉴长编》卷一百四十一)说明自己明知此去凶险,不是被杀,就是被囚禁,但依然愿意前往,并已经安排好身后事。由此可见,范成大是在到金国之前就抱定了必死的决心。诗中范成大祭奠蔺相如、仰慕蔺相如并愿意效仿蔺相如的做法,与他出使前的心境吻合。

这首诗在艺术上借古喻今,前两句叙事,后两句抒怀,含蓄而强烈地表达了诗人宁愿身死异地也要完成任务的爱国精神,是南宋爱国诗的典型代表。

真定①舞

虏乐悉变中华,唯真定有京师旧乐工,尚舞高平曲破。②

紫袖当棚雪鬓凋③,曾随广乐奏云韶④。

老来未忍耆婆舞⑤,犹倚黄钟衮六幺⑥。

【注释】

① 真定:地名。宋仁宗庆历八年(1048)设置真定府路,为河北四安抚使路之一,治所在真定府,即今河北省正定县。

② 高平:即高平调。中国五声音阶分宫、商、角、徵、羽五个音阶,其中羽声又分七调,高平调系羽声七调之一。曲破:唐宋乐舞名。大曲的第三段称破,单演奏此段称曲破,有歌有舞,节奏紧促。

③ 棚:用木或竹搭成的架子或屋舍,旧时演出歌舞百戏多在"棚"中进行,也称"勾栏"。雪鬓:鬓发雪白,谓年已老。

④ 广乐:传说中天上的一种乐曲。《穆天子传》中记载:"天子乃奏广乐。"这里指宫舞曲。云韶:指两种乐曲。云指云门,即黄帝时代的乐舞,亦称"云门大卷"。韶,传说为虞舜所作乐曲名。这里以云韶喻华夏天子乐舞。

⑤ 耆婆:原为古印度名医。后被尊为神。"耆婆"在梵语中指"生命""长寿""长者"。"耆",宁,在我国语文中训为"老"义。"耆婆舞"疑指扮作老妇人的一种节奏紧促的舞蹈。也可理解为一种梵舞、胡舞。

⑥ 倚:依照、配合。这里指舞步合于舞曲。黄钟:古乐十二律之一。声调最洪大响亮。衮:宋代乐曲名称。六幺:

亦作绿要、绿腰,唐宋琵琶曲名,这里指羽调舞曲。

【赏析】

这首诗是范成大使金七十二绝句中的第五十首,是描绘"舞曲"的诗作。

真定在今河北省正定县。范成大出使金国时,北宋已亡国40多年,真定早已在金朝的统治之下。按范成大《揽辔录》所写,由于长年受金统治,华夏很多区域的民俗、服饰都被异族同化,乐舞方面也不例外,从诗前小序言"虏乐悉变中华"即可窥知一二。那么,真定舞难道是范成大描绘的少数民族的舞曲?从小序中的"唯真定有京师旧乐工,尚舞高平曲破"可见,这首诗是在遍地都是"虏乐"的舞曲中咏叹京师旧乐工奏出的"中华旧曲"。

"紫袖当棚雪鬓凋",既然是写舞曲,诗歌的首句自然要对演奏者加以描绘,只是与寻常有着曼妙身姿的勾栏舞女不同,这次出场的竟然是位鬓发微脱、两鬓霜白的老者。这无疑照应了小序中的"京师旧乐工",让人联想起40多年前的靖康之变。靖康元年,金兵攻破汴京,次年,徽、钦二帝连同宋宗室、后妃等数千人被俘北上,同去的还有教坊乐工、技艺工匠等。40多年已过,当时正当年少的"乐工"自然成了垂垂老者。"雪鬓凋"三个字颇耐人寻味,让人不忍回首多年的亡国之痛、乡国之思。

第二句"曾随广乐奏云韶"承接上句,进一步描绘舞者身份的不凡。别看台上的这位舞者已经是鬓白发凋,当年在宋朝时她也是上过大场面的,她曾伴随着广乐和云韶翩翩起舞。广乐和云韶原本是大宋天子的音乐,可见这位老者曾经是宫廷御用乐工,不料如今却沦落到在勾栏瓦舍里卖艺。两相对比,亡国之悲、昔盛今衰的辛酸之感顿生。

"老来未忍耆婆舞,犹倚黄钟衮六幺",这里最难理解的

70

是"耆婆舞",有注解说"耆婆"亦作"岐婆","耆婆舞"其实就是"胡妇""祈婆"的"胡"舞。因为舞者老,不堪忍受继续跳胡舞了,所以依旧深情演奏中华旧曲的。另一种说法"耆婆"就是老妇的意思,"耆婆舞"应当是指一种扮作老妇人的节奏紧促的舞蹈,应该也是汉族舞蹈。现在舞者毕竟年纪大了,可能已经跳不了如此节奏紧促的舞蹈了,但尽管如此,她依然和着"黄钟"大吕这样的洪声促拍,"舞高平曲破",舞"六幺"。《六幺》,又名《绿腰》,唐教坊旧曲,"幺"是小的意思,因这个曲调羽弦最小,节奏繁急,所以被称为"幺"。白居易《杨柳枝词》之一:"《六幺》《水调》家家唱,《白云》《梅花》处处吹。"可见它是唐宋时期非常著名的舞曲。一个"犹"字,表达了舞者的念旧与深情,并照应首句,不仅揭示舞者的舞曲曲目,更揭示了乐工不忘故国礼乐的款款深情。

综上,该诗歌虽描写歌舞,却寄托遥深。虽然没有传统上对于舞姿美乐的细致描绘,但借"旧乐工"达到了喻兴亡的目的。

安肃军①

旧梁门三城今惟一城有人烟,溏泺皆涸矣。②

从古铜门控朔方③,南城烟火北城荒。

台家抵死争溏泺④,满眼秋芜衬夕阳。

【注释】

① 安肃:今河北省徐水县。军:宋代行政区划名称,与府、州、监同隶属于路。

② 梁门:地名,即战国赵汾门,五代周置梁门口寨,取易水北古梁门为名,北宋时为安肃军治所。宋真宗景德元年

(1004）契丹南下，宋将魏能坚守安肃军梁门寨，契丹久攻不陷，时有"铜梁门"之称。溏泺：指地势低洼的沼泽地。

③ 铜门：即上文所说"铜梁门"，意谓梁门之固如铜墙铁壁。朔方：北方。

④ 台家：台是古代官署名，如尚书台、御史台等，这里用于代指在这些官署行政的高级官员，如尚书称台阁、宰相称台辅。抵死：这里的意思是"老是"，谓"老是"争论不休。溏泺，水很浅的池塘湖泊，类似于沼泽。争溏泺，指为溏泺的去留而争论不休。溏泺问题曾为北宋诸臣热烈争论，有人认为溏泺不足以依靠，还妨碍农耕，不如任它淤为水田为国增利。有人则认为溏泺意义重大，不应该被废弃，反而应当加以疏浚、治理。

【赏析】

这首诗是范成大使金七十二绝句中的第五十四首，是首借古怀今之作，是范成大经过安肃军（今河北省徐水县）时，看到昔日坚不可摧的梁门的荒凉，看到已经干涸的，本可作为天然屏障的"溏泺"，而引发的诗思。

首句"从古铜门控朔方，南城烟火北城荒"，开篇便采用今昔对比的写法，再现了梁门的不同命运。"铜门"，即"梁门"。梁门，自古以来即是控制朔方的咽喉要地，然而眼下梁门的南北二城都成了废墟。此句照应诗前小序"旧梁门三城今惟一城有人烟"。正如孟子所说，"天时不如地利，地利不如人和"（《孟子·公孙丑下》），再好的屏障，没有人去守护，也无法起到该有的作用，最终只能沦为荒垣颓壁。

"台家抵死争溏泺"句，诗意转折，不再咏叹梁门，而转到溏泺之争中，即对序中"溏泺皆涸矣"的感伤，指宋朝的高官总是为"溏泺"的去留争论不休。北宋时代，现今河北省一带，由海滨故河口到安肃沈苑泊，九百里接连不断都是这种

"溏泺"。溏泺宽广数十里以上,汪洋无际,深不能舟,浅不能涉,很难渡过,宋和契丹以此划分国界,溏泺成为北宋边境上的天然屏障。然而溏泺在和平时期确实显得"大而无当",因此很多"短视"的官员便看不到它作为天然屏障的战略地位,认为应当任其淤以为水田"增利"。这里范成大给所谓的"台家"以深深的讽刺,认为如此浅显的道理却引来长年"抵死"争论,可见国家之衰亡确实是由昏庸无能的官员造成的。

最后一句"满眼秋芜衬夕阳"虽是一"景语",却饱含了诗人无法言说的亡国之痛。诗人目之所及,全是大片大片的荒草,在深秋的夕阳里给人一种无限凄凉之感。其中,"衬夕阳"寓意最深,暗示了宋朝国运犹如这行将坠落的夕阳,已是衰微至极。南宋外有强敌入侵,内有奸臣误国,更有昏臣庸将鼠目寸光。他们迫害岳飞这样的良将,废弃了梁门、溏泺这样的天然屏障,无疑是自毁长城。国家衰亡,又能怪得了谁呢?王国维说"一切景语皆情语",最后一句正是其最好的表现。

宋代诗歌善于"以议论入诗歌",这点经常为诗家所诟病,认为它打破了传统诗歌的含蓄蕴藉之美。但范成大这首诗虽然议论国政,陈述观点,却能将议论很好地化入具体形象之中,化入荒凉的"景语"当中,丝毫不影响绝句的含蓄之美,可谓技艺高超。

清远店

定兴县中客邸前,有婢两颊刺"逃走"二字,云是主家私自黥涅①,虽杀之不禁。

女僮流汗逐氈軿②,云在淮乡有父兄。
屠婢杀奴官不问,大书③黥面罚犹轻。

【注释】

① 黥涅：黥，古代用刀在被刑者面额上刺字并染上黑色以作标志的一种肉刑，即墨刑。涅，即涅面，在脸上刺字涂墨。

② 毡軿：四周挂有用兽毛制成的毡毯以作屏障的车，常为贵族妇女所乘。

③ 大书：写大字。当时金人多掳掠河北、河东地区男女，向外族贩卖为奴隶。按金国的法律，奴婢可以被任意处死，所以只是被刺了面的女奴还是"幸运"的。

【赏析】

这首诗是范成大使金七十二绝句中的第六十一首。写在定兴县中清远客店前见到的被"私自黥涅"的"逃奴"的故事，反映了普通民众在金人统治下的深重灾难。

宋金之战以北宋的灭亡结束。金虽然在军事上胜出，其他很多方面却远远落后于宋，表现之一就是奴隶制。在金朝，奴隶，特别是沦陷区的"贱民"像牲畜一样被作为商品买卖。女真贵族随意掳掠、打骂、买卖甚至杀害奴隶，地方官府根本不去过问，更别说禁止了。尽管金世宗为适应北宋中原的封建生产关系进行了许多改革，严令禁止主人家私自杀戮、黥涅奴婢，但收效甚微。此诗即范成大对使金途中所见的记录。

"女僮流汗逐毡軿"，诗歌一开始便以强烈的对比表现了金朝统治下民众的悲惨境遇。女真贵族乘坐着用毛毡护屏的马车向前飞驰，可怜的婢女汗流浃背地跟在车后奔跑追随。按照诗序中所言，这个婢女的脸颊上还被主人家私自刺上了"逃走"二字。

诗的后三句则是婢女所述。"云在淮乡有父兄"，这里对婢女的身份及其逃走的原因进行交代，她说自己的父亲和兄长在淮河流域。"淮乡"，应当是指淮河流域的南宋境内。可想而知，这位小丫头应该是不堪忍受主人的欺凌，想去投奔父兄,却无奈被抓。

"屠婢杀奴官不问,大书黥面罚犹轻",对女真贵族而言,即便是随意杀害奴隶官府也不会过问,何况只是在逃奴的脸上刺字呢?这样的惩罚算是轻的。这看似平淡的叙述中包含了多少辛酸的血泪啊!

《清远店》是范成大笔下的一则悲惨的小故事,然而真实地反映了沦陷区的汉族人在金朝统治下的痛苦屈辱生活。诗人善于以小见大,以细节表现生活,以浅笔淡语道出,却寄托了深刻的思想感情,产生了强烈的艺术效果。通过择取"女僮流汗逐毡軿"这一特别场景,由浅入深,寄托了诗人对沦陷区民众生活的同情、对宋金朝廷的谴责及对国家兴盛的强烈渴盼。

山水行旅诗

范成大一生足迹遍布大半中国。他入仕前,因为生计的原因,在江浙一带奔忙,入仕后又宦游四方。他"北使幽燕,南至桂广,西入巴蜀,东薄鄞海",往往一走数月,沿途游览了不少风景名胜,留下了不少著名的山川行旅词,这些诗词多咏叹国家瑰丽山河,抒发羁旅、思乡、爱国之情。

番阳湖①

凄悲鸿雁②来,泱漭鱼龙蛰③。
雷霆一鼓罢④,星斗万里湿。
波翻渔火碎⑤,月落村舂⑥急。
折苇已纷披⑦,衰杨尚僵立。
长年畏简书⑧,今夕念蓑笠⑨。
江湖有佳思,逆旅⑩百忧集。

【注释】

① 番阳湖:即鄱阳湖,在今江西,是中国最大的淡水湖。
② 鸿雁:俗称大雁,一种候鸟,群居在水边,飞时一般排

列成"人"字形或"一"字形,常被用作指相思、思乡之情。

③泱漭:水势浩瀚广大。蛰:蛰伏,隐藏。

④雷霆:震雷、霹雳。鼓,动词。此句指雷雨过后。

⑤渔火:渔船上的灯火。碎,指众多灯火在波浪中时隐时现,给人一种零碎之感。

⑥舂:舂米,用杵臼捣去谷物的皮壳。

⑦纷披:散乱的样子。

⑧简书:用于告诫、策命、盟誓、征召等事的文书,亦指一般文牍。这句指作者常年在外做官,身不由己,不能归家。

⑨蓑笠:蓑衣与笠帽,代指渔钓生涯,归隐江湖的生活。

⑩逆旅:客舍、旅馆。

【赏析】

这是一首五言古诗,作于范成大初入仕途,任徽州司户参军间旅经鄱阳湖时,是一篇借景抒慨之作。

首联"凄悲鸿雁来,泱漭鱼龙蛰"描绘了鄱阳湖的深秋景色。首句便由"凄悲"奠定了全诗的情感基调。诗人仰观天空,看到的是鸿雁"南"迁,俯视湖面,看到的是水波万里,苍茫一片,想来鱼龙都深潜于湖底吧,由此想起国家偏安江南,想起有志之士被迫像鱼龙一样蛰伏湖底,不由得悲从中来。一个"蛰"字,道尽怀才不遇、壮志难酬之悲,也隐含着诗人对现实的不满和对社会的批判。

接着"雷霆一鼓罢,星斗万里湿"承接上句继续写景,这时一阵电闪雷鸣,江面下起瓢泼大雨,冲刷天地,洗涤万物,万里星斗都被浇湿。此联非常有气势,不仅写出了湖面的开阔感,而且上连天幕、下连水幕,天地万物都被突如其来的雨水冲刷洗涤干净。

"波翻渔火碎,月落村舂急",雨过之后,波涛翻滚,点点渔火在波浪中时隐时现,像是碎了一样,这时候远处的村落传来急促的舂米声,原来是岸上农民在寒夜舂捣。这两句,一写视觉,一写听觉,对仗非常工整,一"碎"字、一"急"字,更是表现出了渔家、农家生活的勤劳和艰辛。许多评论家在提到范成大时多将其归为田园诗人,确实如此,范成大由于生活原因,早早地便开始关注农家生活,并在诗中多有表现,如《催租行》和《后催租行》等。这里,面对波澜壮阔的鄱阳湖之景,诗人依旧不忘关心民众生活,不改本色。

"折苇已纷披,衰杨尚僵立"承接上句,继续写雨后之景,只不过视线已经由湖面转移到了四周。暴风雨后,诗人迎来的不是彩虹,而是湖边的芦苇被打得杂乱零落,两岸的杨柳也失去了摇曳生情、婀娜多姿的风情,直挺挺地僵立在那里,一片衰败之象。所谓"一切景语皆情语",范成大笔下秋雨过后的衰败景象其实就是其悲凉心境的表现。

由此接以"长年畏简书,今夕念蓑笠"便不惊奇了。"简书",帝王策命、征召等文书。《诗经》中有"岂不怀归,畏此简书"之句,范诗以此表达对仕途的失望及对归隐的渴望。"蓑笠",蓑衣和斗笠,象征着诗人的渔隐情结。

最后两句"江湖有佳思,逆旅百忧集"则是对人生的回顾与总结,是对情感的进一步深化和升华。鄱阳湖是美丽的,有很多美好的意趣。但是,离乡背井,入世为官,寄居旅舍,则常常让范成大感到各种忧思集于一身。这里的忧思,其实就是以上诗句所表现的家国之爱、民生之艰、仕途之困,以及孤独飘零、思乡念家之感等。

范成大生于战乱,从小体弱多病,十几岁时母亲和父亲接连去世,他一度曾对社会、仕途失望,在父亲老友的劝说下,才重入仕途。然而他早期仕途并不平顺,在徽州作小吏,六七年未见升迁。尽管范成大性格不失坚毅,但在早期,他的诗歌多抒发孤独寂寞的情怀,心境难免悲伤消沉,甚至虚无厌世;当然,也常伴有家国之恨、隐逸之思。

在艺术上,这首诗的选字用语、写景抒情却非常有特色。如"蛰""碎"等字,富于暗示性和形象性,显示了诗人高超的艺术技巧。

冷泉亭①放水

古苔危磴着枯藜②,
脚底翻涛汹欲飞。
九陌③倦游那有此,
从教惊雪溅尘衣④。

【注释】

① 冷泉亭,冷泉在杭州市灵隐寺前飞来峰下,唐元英建亭其上,名叫冷泉亭。

② 危:高。磴:石台阶。枯藜:指藜杖。此指藜杖敲击在高高的台阶上。

③ 九陌:汉长安城中的九条大道,泛指都城大道和繁华闹市。

④ 从教:任凭。惊雪:惊起的四溅的水花,因水花像雪一样白,故名。尘衣:指在京城为官,衣服都被"京尘"玷污。

【赏析】

这首诗作于范成大在杭州做官时期,是一首山水诗。

冷泉,顾名思义,泉水非常冷冽甘甜。据说泉源是从一深潭下的石缝中喷涌而出,声若奔雷。在范成大笔下,冷泉亭别有一番风味。

前两句"古苔危磴着枯藜,脚底翻涛汹欲飞"写诗人登上台阶,行至冷泉亭,观赏足下景观。藜杖敲击在高高的长满苔藓的古旧台阶上,脚底下的泉水汹涌翻滚,腾空欲飞。第一句以藜杖敲击石阶衬托四周山林的幽静。第二句则描摹泉水汹涌澎湃之态,写出冷泉声如蛰雷的气势。作者巧妙地运用"着""飞"二字,一静一动,相得益彰,将拾级探幽的意境和情趣表达得具体可感。

后两句"九陌倦游那有此,从教惊雪溅尘衣",作者不再停留在对眼前景物的描写上,而是笔意一转,想起了尘世的功名利禄:自己长期以来在繁华的京城宦游,已经身心俱疲,哪里享受得了如此幽静安闲之境,不如赶快让冷泉惊起的雪浪来洗涤衣服上的尘垢吧。这里化用陆机《为顾彦先赠妇》诗句"京洛多风尘,素衣化为缁",自己长久在京做官,四处奔走谋取荣华富贵,身上都沾满了"京尘",正好趁此机会好好地洗涤一下,表现出了作者对功名利禄的厌弃。

《冷泉亭放水》虽然短短四句,却寄托遥深,诗人因听泉而悟静,从而反思多年来为功名奔走的生活,表达唾弃名利的态度,颇有陶渊明《归园田居》"误落尘网中,一去三十年"之感慨。在艺术上,这首诗也成就不凡,诗人善于用"着""汹"之类的动词描摹情状,又善于用对比,将山林之趣与尘世之想做比,表达厌弃功名之思。

初入巫峡①

钻火巴东岸②,捯金峡口船③。
束江崖欲合,漱石水多漩④。
卓午三竿日⑤,中间一罅⑥天。
伟哉神禹迹⑦,疏凿此山川。

【注释】

① 巫峡:长江三峡之一。一称"大峡",因巫山而得名。

西起四川省巫山县大溪,东至湖北省巴东县官渡口。两岸绝壁,船行极险。

② 钻火:钻木取火,生火。这里指度过寒食节。按照古时候风俗,寒食节不能用火,必须吃冷食。寒食过后,要钻木取新火。巴东,地名,四川省巴东县。

③ 摐(chuāng):敲打撞击,引申为演奏乐器。摐金,敲锣打鼓,船启航或者遇见急湍险礁的时候敲锣打鼓作为信号。

④ 漱石:水流冲刷岩石。潞:漩涡。

⑤ 卓午:正午。三竿日:即日上三竿,太阳已经很高了,时间已经不早了。

⑥ 罅(xià):缝隙。

⑦ 神禹迹:传说巫山是大禹治水时所开凿。

【赏析】

这首诗作于淳熙二年(1175)范成大由桂林入蜀途中。从题目看,当是刚入巫峡时所作,表现了巫峡的奇险秀丽之美。

巫峡是长江三峡之一,因巫山而得名。巫山有神女传说,巫山神女是炎帝的女儿瑶姬所化,瑶姬是众姐妹里最美艳多情的,不料未成年便死了,死后葬在巫山南坡,魂魄化为瑶草。大禹治水行至巫山时,神女瑶姬授以治水法宝,并遣属神助之。范成大对巫山巫峡多有描写,除了这首外,还有《巫山高》等诗。

首联"钻火巴东岸,摐金峡口船",点明诗人初入巫峡的时间及情境。范成大于淳熙元年授四川制置使,次年从桂林出发西入巴蜀。寒食节过后,诗人的船只刚好穿过巴东进入巫峡。巫峡向来以奇险著称,船行进在巫峡,经常会遇见湍流险滩,于是不得不一路敲击金锣金鼓以示警。

中间四句集中表现了巫峡的奇险秀丽之美。"束江崖欲合,漱石水多漩",是说巫峡非常狭窄,约束江水的两岸石壁看起来几乎要合在一起,而江底的礁石、险滩也很多,江水流过礁石,形成一个个漩涡,行船一不小心就有可能触礁,或被吸入漩涡中。

"卓午三竿日,中间一罅天"则用反面衬托的方法集中表现了巫山的高、巫峡的窄。大家知道,山特别高的时候就会遮天蔽日,巫峡也一样。船入巫峡,天到正午的时候才能看到日影,就像在平地上看到的日上三竿时(早晨九点左右)的光景。巫峡两岸,两山对峙,高耸入云,中间望天,只能看到一条窄窄的缝,说是"一线天"也不为过,可见山之高、峡之窄。

面对如此奇景,又怎能让人不感慨自然的神奇呢?尾联"伟哉神禹迹,疏凿此山川",范成大在感慨巫山雄伟奇丽的同时,想起了巫峡的创造者——大禹。传说,大禹治水经过巫山时,决定采用疏导的方法治愈水患,而巫峡,就是大禹疏通开凿的。范成大在这里转入对华夏先祖大禹的咏叹,表达了对于先祖伟绩的歌咏颂叹。

《初入巫峡》是一首五言律诗,语言形象生动,音韵和谐。特别是中间四句,对仗工整熨帖,集中表现了巫峡的奇险秀丽之美。

三月二日北门马上

新街如拭过鸣驺①,
芍药酴醿②竞满头。
十里珠帘都卷上③,
少城④风物似扬州。

【注释】

① 鸣驺(zōu)：随从贵族出行并传呼喝道的骑马的侍从，有时借指显贵。

② 酴醾：花名，亦作"荼蘼"。本酒名，以花颜色似之，故取以为花名。

③ 此句化用杜牧《赠别二首》"春风十里扬州路，卷上珠帘总不如"。

④ 少城：在成都城西面。成都有太城、少城。少，小的意思，相对于太城而言。

【赏析】

这首诗作于淳熙三年至四年（1176—1177）范成大在成都任职期间，描绘了成都的繁华富庶之美。

汉唐以来，成都便被称为"天府之国"，更有"名都乐国"之美誉。据《方舆揽胜》记载："成都宴游之盛，甲于西蜀。盖地大物繁，俗好娱乐。"就是说成都地大物博，民众喜欢游赏。范成大作为地方官，也入乡随俗，经常与民同乐，参加各种游赏活动，并留下了诸多诗篇，《三月二日北门马上》即为其中之一。

首句"新街如拭过鸣驺"，开门见山，描绘出成都繁华大街的热闹景象。新修街道的宽阔明亮，干净得就像刚刚擦拭过一般，不时有贵人车马经过，响起一阵吆喝声。

接着"芍药酴醾竞满头"，写街边芍药和荼蘼竞放的美好景致。三月已是暮春时节，百花凋零，本来正应该是诗人伤春的时候，然而诗人在这里并不伤春，而是描写芍药和酴醾迎风怒放的景致，更进一步描绘成都的繁华美丽。这里也可理解为游人竞相将盛放的芍药、荼蘼戴在头上，更显得鲜衣怒马，一派繁华之象。

"十里珠帘都卷上，少城风物似扬州"，指成都游览的盛况吸引了众多的目光,歌台舞榭纷纷卷起珠帘观赏。按《方舆揽胜》记载,成都民众出游之时,不仅有"车服鲜华",而且"四方奇技,幻怪百变,序进于前",各种杂技也轮番出演,这怎么能不吸引人们的目光呢?这句诗还化用了杜牧《赠别二首》中的诗句"春风十里扬州路,卷上珠帘总不如",表现了成都少城虽然是西部边城,然其风物与扬州也不相上下,由此更凸显了成都的繁华富庶。

这首七言绝句虽然只有四句,却非常细致地勾勒出当时成都的繁华盛况,全诗清新明媚,节奏轻快,不失为一首出色的好诗。

夜泊归舟①

州有宋玉宅、昭君台。②

旧国③风烟古,新凉瘴疠④清。
片云将客梦⑤,微月照江声。
细和悲秋赋⑥,遥怜出塞⑦情。
荒山余阀阅⑧,儿女擅嘉名。

【注释】

① 归舟:一作归州,治所在今湖北省秭归县。宋时辖境相当于现在湖北秭归、巴东、兴山等县地。

② 传说归州秭归县府原本是宋玉故宅。宋玉,战国时期楚国人,屈原弟子,屈原沉江后,为作《九辩》,以怀念屈原,又有《高唐赋》《神女赋》等,是楚辞的重要代表作家。昭君,昭君即王嫱,汉元帝宫女,因为不肯贿赂画工毛延寿而被其故意丑化,后被选与匈奴和亲。昭君为湖北兴山县人,属归州辖境。当地有昭君台、昭君井、明妃庙等古迹。

③旧国：归州，周朝时称为夔子国，故此称旧国。

④瘴疠：感受瘴气而生的疾病，此指瘴气。

⑤片云句：片片行云，带去游客思乡的归梦。将：携带、同往。

⑥悲秋赋：宋玉《九辩》首句即"悲哉！秋之为气也，萧瑟兮，草木摇落而变衰"，后"宋玉悲秋"成为文学作品中的常用语，而《九辩》也常被称为"悲秋赋"。和（hè）：以诗歌酬答；依照别人诗词的题材和体裁作诗词。

⑦出塞：指昭君出塞入匈奴地。

⑧阀阅：功绩、经历，因表功绩于门，引申为门第的意思，这里指宋玉宅、昭君台等古迹。

【赏析】

淳熙四年（1177）秋，范成大离开四川返朝述职，路过湖北秭归县时想起宋玉和王昭君，留下了这首怀古伤今的五言律诗。

首联"旧国风烟古，新凉瘴疠清"，照应序言中的"州"即"归州"，归州是个什么样的地方呢？诗句中用"旧""新"二字，将归州的过去与现在做了对比，但不是抑此扬彼，而是夸赞归州这个地方。意思是说，归州是个好地方，不仅有宋玉、昭君这样的名人，且周朝时曾在此建国，是历史文化名城，现在也很好，秋风一吹，天地间的瘴气为之一清，气候也非常舒爽宜人。

颔联"片云将客梦，微月照江声"照应题目中的"夜泊"二字，同时即景抒情。范成大这次从四川回朝，因为离家越来越近，心情还是颇为愉悦的，从诗句中就可以看出，已很少有传统羁旅作品中浓浓的哀愁。只见片片行云，带去游客思家的归梦，微淡朦胧的月亮平静地照着江面，细细地和着耳旁的涛声。诗人行走在归家途中，抬头望着片片行云，侧耳听着微微涛声，便放飞思绪，想着归州的一些人、一些事。

颈联"细和悲秋赋，遥怜出塞情"，诗意为之一转，不再描绘眼前的微月江声，而是想起了宋玉、王昭君两位名人。唐宋时期，宋玉悲秋和昭君出塞都是诗人喜欢吟咏的题材，或借以伤春悲秋，或寄托怀才不遇的悲愤，或斥责朝廷的昏聩无能，或感慨佳人的可怜身世，不一而足，范成大经过秭归，自然也要感慨一番。宋玉以《九辩》开启了中国千年的"秋士悲秋"情结，范成大此时年逾50，已进入人生的秋天，加之诗人常年漂泊在外，客居异地，在天气"新凉"之时来到归州，来到宋玉的故居所在，自然而然地就想到了宋玉的身世，想到了他怀才不遇的悲愤，想起了自己心中的诸多志向，与宋玉悲秋产生强烈共鸣，因此诗人用一"和"字表达了这种共鸣。

当然，他也想起了王昭君，这个刚直的姑娘因为不愿贿赂毛延寿，无奈出塞和亲，远嫁异域。范成大年轻的时候也曾出使金国，这在他的一生当中留下了不可磨灭的印记。国家的积弱不振，给民众带来了深重的灾难。昭君出塞，可以说是为了民族大义做出的牺牲，当然也可以算是国家积弱的牺牲品。身处相似境遇的范成大对王昭君油然而生佩服和同情，因而用一"怜"字来表达。

尾联"荒山余阅阅，儿女擅嘉名"，描写了历史人物身后的荒凉寂寞。宋玉宅、昭君台都被埋没到了荒山之中，身后竟是无比凄凉。这里暗含着对南宋朝廷的谴责，南宋朝廷不仅不思进取、不求复国，且让两位历史名人的遗迹深埋在荒山中，真是让人无言以对。同时，作者也赞扬了宋玉、王昭君两位中华儿女，正是他们让归州这个不大的地方青史留名，让无数文人墨客为他们的精神倾倒。

范成大这首五言律诗文字淡雅疏朗，对仗平稳工整，中间两联紧扣其游宦经历和归州两位历史人物的精神，抒发思乡，寄托情感,读之尤其感人。

鄂州南楼①

谁将玉笛弄②中秋。黄鹤③飞来识旧游。

汉树④有情横北渚,蜀江⑤无语抱南楼。

烛天⑥灯火三更市,摇月旌旗万里舟。

却笑鲈乡⑦垂钓手,武昌鱼好便淹留⑧!

【注释】

① 鄂州:今湖北武昌。南楼,在黄鹤山上。

② 弄:笛曲吹奏一次叫一弄,这里作动词"吹"的意思。

③ 黄鹤:武昌西有黄鹤楼,相传有仙人骑鹤经过,故得名。唐崔浩《黄鹤楼》:"昔人已乘黄鹤去,此地空余黄鹤楼。"这里化用崔浩诗句。

④ 汉树:汉阳树。同样化用崔浩诗句"晴川历历汉阳树,芳草萋萋鹦鹉洲"。

⑤ 蜀江:岷江。

⑥ 烛天:照耀天空。指中秋夜半的灯火璀璨,照耀夜空。

⑦ 鲈乡:莼鲈之乡,此指诗人故乡苏州。

⑧ 武昌鱼好:孙权想从建业(今江苏南京)移都武昌,建业人作歌谣:"宁饮建业水,不食武昌鱼",此句反用其意,表宦游不返。

【赏析】

这首诗作于淳熙四年(1177)秋,为范成大离蜀归吴,途经鄂州(今湖北武昌)时所作。南楼即黄鹤楼,在武昌黄鹤山上。相传黄鹤楼本是一家酒楼,一位道士为感谢店家千杯之恩,临行前在壁上画了一只鹤,宾客来时,黄鹤能起舞助兴。

10年后,道士复来,取笛吹奏,驾鹤归去,这就是黄鹤楼的由来。按范成大《吴船录》记载,他途经武昌时正值中秋,当地官员在南楼为他设宴,诗人即席赋此诗。

"谁将玉笛弄中秋?黄鹤飞来识旧游",开篇诗人即联想到了黄鹤楼的传说,是谁在中秋月夜吹奏玉笛呢?昔日的黄鹤飞回来应该认识这位昔日老友吧。这里的"旧游"其实可以理解为范成大自己。范成大从桂林入蜀的时候就曾经过武昌,这次离蜀归家同样经过这里,所以是"旧游"。

颔联"汉树有情横北渚,蜀江无语抱南楼"承接上句,写登楼所见之景。汉树,指汉阳树,崔颢《黄鹤楼》诗有"晴川历历汉阳树"句,写晴日下远方汉树历历可见的鲜明之景。这里写月光下的汉树,朦胧,似饱含着深情,隐隐地横亘在蜀江北面,而蜀江则默默无语地流淌,仿佛将黄鹤楼抱在了怀中。诗人用"有情""抱"等词,饱含深情,移情于景,写出了中秋月下登楼时的所见所感。

颈联"烛天灯火三更市,摇月旌旗万里舟"仍是写景,视角由远及近,写武昌城中秋月夜的繁华景象。夜已三更,武昌城依然灯火通明,映彻天际,这是作者仰视夜空所见,下句则是俯视大江:江面万里,摇荡在月光下的则是络绎不绝的行舟,这些船上高高扬起的风帆,在月光下熠熠生辉。夜里的武昌,不仅陆地上灯火连天,就连江面也是商船络绎不绝,一派繁华景象。

如此美景,如此繁华,怎么能不让人沉醉呢?尾联"却笑鲈乡垂钓手,武昌鱼好便淹留",鲈乡垂钓手,自然指范成大自己,意思是可笑我这个吴地的垂钓手,到了这里,吃了美味的武昌鱼,也宁愿长留此地不回去了。据记载,三国时孙权想从建业(今江苏南京)移都武昌,时人作歌谣"宁饮建业水,不食武昌鱼",表示坚决反对迁都。诗人这里反用其典,表达了对武昌的喜爱,诙谐幽默,贴合宾主身份。这里还暗用同乡张翰的典故,同样反用其意。晋张翰在洛阳为官时,秋风一起,便想起家乡的莼菜、鲈鱼,后来终于辞官而归。这里诗人却反说因武昌的鱼好吃,便要留在此地,表达了自己对武昌的喜爱。

这首诗将黄鹤楼的眼前之景与相关传说、典故、前人诗词融合在一起,创造了一个宾主尽欢的美好意境。虽是应酬之作,却清丽流转,艺术价值颇高。

民 俗 诗

范成大一生经历丰富,足迹遍布四方,不仅关心国计民生,而且还热衷于考察各方民俗。范成大所作《揽辔录》《骖鸾录》《桂海虞衡志》《吴船录》《吴郡志》等,都有对各地风俗的考察。其诗歌中也有类似题材,其中以《腊月村田乐府》十首及《四时田园杂兴》中的一些篇章为代表,再现了故乡吴地农事、节令、岁时等习俗。

寒食①郊行书事二首(其一)

野店垂杨步②,荒祠苦竹③丛。
鹭窥芦箔④水,乌啄纸钱风⑤。
媪⑥引浓妆女,儿扶烂醉翁。
深村时节好,应为去年丰。

【注释】

① 寒食:在清明前一两日。
② 野店:乡村旅舍。步:同"埠",水边停船处。
③ 苦竹:竹子的一种,竹节比一般的竹子要长,枝粗叶

大。因竹笋苦,故名。

④ 箔:本来指以芦苇或秫秸编成的帘子,这里指捕鱼的用具,类似小竹帘,下在水里围成曲曲折折的样子,用于困住鱼儿。

⑤ 寒食、清明有上坟的习俗,宋人又有野祭的风俗,郊外到处都是焚化未尽的纸钱,在风中飘扬,时而有乌鸦飞来啄食祭祀余下的祭品。

⑥ 媪(ǎo):老妇人。

【赏析】

这首诗是范成大的早期作品,应当是他入仕之前所作,具体年代不可考。写寒食节人们上坟祭扫的风俗,情感基调较为悲苦。

寒食节,在清明前一或两日。寒食是为纪念春秋时期的名士介之推。春秋时晋公子重耳流亡在外,大臣介之推曾割了大腿上的肉喂他吃,重耳登基后,大封功臣,却忘了赏赐介之推。介之推便隐居深山。重耳得知后非常后悔,追至山脚下。为了让介之推出来接受赏赐,重耳下令放火烧山,介之推抱木不出,结果被活活烧死。为纪念介之推,重耳遂令每年此日不得生火做饭,只能吃冷食,所以叫"寒食"。寒食和清明很近,在风俗上也有一致的地方。此诗所写到的上坟等风俗,其实是清明祭扫的风俗。

首联以"野店垂杨步,荒祠苦竹丛"开篇,写诗人跋步渡口岸边所见之景。乡村旅店掩映在杨柳之间;苦竹丛中,一座破旧的祠堂若隐若现。"野""荒""苦"等字的选用,无不表露出年轻诗人的心境并不开朗。"荒祠",点明祭祀活动,照应标题中的"寒食"二字。

颔联"鹭窥芦箔水,乌啄纸钱风"承接上句,言诗人行至水边时看到的眼前之景。水面上,芦苇丛中的白鹭目不转睛地窥视着水下的竹箔,伺机而发。郊野外,焚化未尽的纸钱随风到处乱飞,不时有乌鸦盘旋而下,啄食坟前的祭品。此联对仗颇为工整,特别是"鹭窥水"与"乌啄风"对比,一静态描写,一动态刻画,动静相生,意境全出。同时,后句"乌啄纸钱风"也照应了寒食清明祭扫的风俗。

颈联"媪引浓妆女,儿扶烂醉翁",笔触一转,直接描写寒食上坟的场景。只见老妇拉着化了浓妆的女儿、媳妇,儿子扶着喝成烂醉的老翁,一起上坟。按宋时风俗,女孩子寒食上坟要加笄,穿素衣,画泪妆。新入门的妇人一定要同行,俗称上花坟。诗人虽未提及一个"坟"字,然而用简练之笔将这个场面写得尤为生动,正是对宋时风俗的精致刻画。

尾联"深村时节好,应为去年丰",诗人看到了村里祭祀的场景,不由感慨今年春天的好时节,村人的日子应该比去年过得丰裕吧?此联寄托了诗人对乡民的美好祝福。

这是范成大早年所写的反映风土民情的诗作,总的来说虽对风俗有所表现,但一己之苦情却不自觉地渗入其中。范成大在晚年同样写了大量描写风土人情的诗作,而且与早期作品一脉相承,说明诗人很早就有关注民生的品格。

春日田园杂兴(其二)

社①下烧钱鼓似雷,
日斜扶得醉翁回②。
青枝满地花狼藉,
知是儿孙斗草③来。

【注释】

① 社:社坛。古代封土为社,栽种所适宜的树,作为祭祀

社神(土地神)的地方。古时候有专门祭祀土地神的节日,春秋各一次,称为春社和秋社。

② 化用唐人王驾《社日》诗"桑柘影斜春社散,家家扶得醉人归"。

③ 斗草,又称斗百草,采花草比赛,是一种古代游戏。

【赏析】

这首诗作于淳熙十三年(1186)年春范成大回故乡石湖养病期间,再现了当时人们春社祭祀的风俗以及和谐快乐的农家生活。

祭祀土地神的风俗可谓由来已久,古时是农耕社会,人们普遍重视祭祀土地。新朝建国,帝王登基,都会举办大型的祭祀活动,乞求上苍保佑"社稷"安泰。"社稷"其实就是祭祀"土地神"和"谷神"。古时有春社和秋社之分,而春社祭祀往往更加受重视。

首句"社下烧钱鼓似雷,日斜扶得醉翁回"写春社祭祀场景。只见社坛之前,敲起锣鼓,奏响音乐,人们焚烧纸钱,点燃香火,敬上供品,虔诚地祈祷,祈求土地神保佑今年又是一个丰收年。祭祀结束之后,家家户户一般会摆上筵席,老少共饮,直到天色将晚,年轻人才扶着已醉的老翁一起归家。按《荆楚岁时记》载:"企社日,邻居宗亲将会聚一起宰杀牛羊等牲畜祭祀在大树下搭建房屋,先祭土地神,然后会餐分享祭品。"可见,古人非常重视春社祭祀活动,而且有一套繁复的程序,通过祭祀,祈求来年有个好收成。

"青枝满地花狼藉,知是儿孙斗草来",诗意上略一转折,不再继续写成年人的祭祀活动,而是将笔锋转到了少不更事的孩子身上。说的是回家的路上,大人们看到满地的树枝花瓣,杂乱不堪,便知道这一定是淘气的儿孙们刚刚在玩斗草的游戏。斗草,孩子们竞采花草,进行比赛。斗百草游戏有"文斗"和"武斗"之分，"文斗"是指采百草，然后比赛猜花名，猜出的花名多者优胜；"武斗"指用花草茎比韧性，谁采的花草韧性好谁优胜。春社，一般在立春后第五个戊日，正是百花盛开的美好季节，这时踏春斗草的游戏也最是盛行。

这首七言绝句虽然简短，却含蓄蕴藉。前两句写成年人祭祀、饮酒的活动，气氛热烈；后两句则笔锋一转，对天真孩童的斗草游戏加以描画，童真自然，表现了诗人高超的艺术技巧。

秋日田园杂兴（其二）

朱门乞巧沸欢声①，
田舍黄昏静掩扃②。
男解牵牛女能织，
不须邀福渡河星③。

【注释】

① 朱门：红漆大门，指贵族豪富之家。乞巧：旧时风俗，农历七月七日夜，妇女在庭院向织女星乞求智慧灵巧，称为"乞巧"。

② 扃(jiōng)：门户。

③ 邀福：求福。河星：银河中的星星，这里代指银河。

【赏析】

这首诗作于淳熙十三年（1186）秋，是范成大描写农家七夕民俗的诗篇。

七夕，农历七月初七的夜里，可以说是中国的情人节。传说此日乌鹊会在天河搭起一座鹊桥，指引牛郎与织女相会。古时按习俗，这一夜妇女将在庭院向织女星乞求智巧。按，梁宗懔《荆楚岁时记》：七月七日夜晚是牵牛和织女聚会的时间，这天夜里，妇女要结彩缕，用七孔针穿线，将瓜果摆满庭院来乞巧，如果有蜘蛛在瓜上结网，则是吉祥之兆。因此，七夕节也称为乞巧节。

"朱门乞巧沸欢声，田舍黄昏静掩扃"，开篇便将七夕时富贵人家与农家的做法作比。七夕节，朱门大户、富贵人家家家祭祀乞巧，欢声鼎沸；农村田家则恰恰相反，一到黄昏，就静静地关上屋门，早早安歇了。诗人用"静掩扃"与"沸欢声"作鲜明的对比，一静一动，表现了七夕时高门大户与乡村田园的不同生活场景。

"男解牵牛女能织，不须邀福渡河星"则解释农家儿女不乞巧的原因。农家儿女，男子都会牵牛耕作，妇女都会织布纺棉，根本不需要再向天上渡过银河的牛郎织女星祈求智巧。显然，诗人是欲扬先抑，借"四体不勤，五谷不分"的朱门贵女对着神仙乞巧的做法，反衬农家儿女的勤奋、灵巧，诗句巧妙婉转，启人思维。

这首诗的题目为"田园杂兴"，虽然也涉及七夕节的风俗，但着重表现的是农家儿女的勤劳灵巧，与传统"金风玉露一相逢，便胜却人间无数"（秦观《鹊桥仙》）的词作内涵完全不同。

冬日田园杂兴（其十二）

村巷冬年见俗情①，邻翁讲礼拜柴荆②。

长衫布缕如霜雪，云是家机自织成。

【注释】

① 冬年：冬至节，苏州有冬至大如年的习俗。俗情：人

情世故,世俗情感。

② 讲礼:指讲究礼仪,遵从礼仪。柴荆:用木柴荆条做的简陋门户。

【赏析】

这首诗作于淳熙十三年(1186)冬,是范成大描写吴地冬至节习俗的诗歌。

冬至,是中国传统二十四节气之一,在每年公历12月22日前后。这一天太阳经过冬至点,是北半球白天最短、夜间最长的时候,之后各地气候进入最寒冷的阶段。冬至也是阴阳转化的关键节气,故称"冬至一阳生",这天之后,大地回阳,气候一天比一天暖和,所以,古人经常从冬至就开始翘首盼望春天的来临了。吴地更是有"冬至大如年"的习俗。这一天,左邻右舍、亲朋好友像过年一样互相拜访,家家喝冬酿酒、吃团圆饭。范成大这首七言绝句就再现了苏州冬至节邻里之间相互拜访的情形。

"村巷冬年见俗情,邻翁讲礼拜柴荆",诗歌开篇就开门见山地描绘了吴地冬至节的习俗。冬至节,村中小巷最常见到邻里亲朋间的世俗人情,邻家老翁就依照礼俗到诗人家拜年。这里范成大不仅表现了冬至节的习俗,更为我们塑造了一位知礼、讲礼的邻家老翁的形象,再现了淳朴乡村邻里之间的和谐生活。

"长衫布缕如霜雪,云是家机自织成",作者笔锋一转,对"邻翁"的衣着进行了细致描绘。只见这老翁穿上崭新的雪白布缕长衫,非常自豪地告诉诗人:这么漂亮的新衣,是自家织布机织出来的。言辞之间,一股自豪之气油然而生。诗人也借邻翁之口表达了对知礼、守礼而又勤劳的农家人的赞美。

这首诗用平易流畅的语言,表现了吴地"冬至大如年"的独特习俗,也赞扬了乡亲邻居知礼守礼的民风,言浅意深。

冬舂行①

腊中储蓄②百事利,第一先舂年计③米。
群呼步碓④满门庭,运杵成风雷动地。
筛匀箕健无粞糠⑤,百斛⑥只费三日忙。
齐头圆洁箭子长⑦,隔箩耀日雪生光。
土仓瓦龛⑧分盖藏,不蠹⑨不腐常新香。
去年薄收饭不足,今年顿顿炊白玉⑩。
春耕有种夏有粮,接到明年秋刈⑪熟。
邻叟来观还叹嗟,贫人一饱不可赊⑫。
官租私债纷如麻,有米冬舂能几家!

【注释】

①舂:用杵臼捣去谷物的皮壳。行:乐府诗的一体,和"歌"并称为"歌行"。放情长言为"歌",步骤驰骋为"行"。歌较长,有起伏波折,参差复杂;行则较为舒朗、明快、清楚。后来二者逐渐没有严格区别,而合称为歌行。音节、格律较一般诗体自由,更富于变化。

②储蓄:储藏粮食。

③年计:一年的生计。

④碓(duì),舂米的工具。最早是一臼一杵,用手拿着杵舂米。后来随着工艺的改进,改用柱子架起一根木头杠子,杠子一端系石头,用脚踏另一端,连续起落,脱去下面臼中谷粒的壳,也就是步碓。

⑤筛匀:用筛子筛去碎米,留下颗粒匀称的大米。箕:簸箕,扬米去糠的器具。粞糠:舂碎了的碎米。

⑥斛(hú):量词,用于量粮食。十斗为一斛,南宋末年改为五斗。

⑦齐头、箭子,皆米名。

⑧龛(kān):本指供奉神佛或神主的石室或小阁子。这

里"瓦龛"即瓦制的储存粮食的石室。

⑨ 蠹(dù)：虫蛀。

⑩ 白玉：指米，形容其洁白美好。

⑪ 刈(yì)：收割。秋刈，即秋收。

⑫ 赊：多，余。不可赊，指别无他求。

【赏析】

　　这首诗作于淳熙十六年(1189)之后范成大晚年归隐石湖时期，是《腊月村田乐府》十首中的第一首。《腊月村田乐府》是一组诗，范成大序曰："余归石湖，往来田家，得岁暮十事，采其语各赋一诗，以识土风，号《村田乐府》。"他分别对这10个习俗做了介绍，其中《冬舂行》曰："腊日舂米为一岁计，多聚杵臼，尽腊中毕事，藏之土瓦仓中，经年不坏，谓之冬舂米。"即腊八节的时候，吴地有舂米储藏的习俗。这首诗表现了小康之家岁末稍有盈余便由衷喜悦的情状，同时也表达了他们对于未来生活的深深隐忧。

　　纵观这首诗，可以分为两个部分。从"腊中储蓄百事利"到"不蠹不腐常新香"是诗歌的第一部分，主要表现了田家之乐，正面描绘了舂米对于田家的意义，再现了冬舂的场面，并具体描绘了舂米的细节，十分生动。"去年薄收饭不足"起为第二部分，隐隐地表现了田家之忧，并对宋朝沉重的赋税给予了批判。

　　开篇"腊中储蓄百事利，第一先舂年计米"即用村人祈求吉祥的口吻，表现了希望储蓄等百事吉利顺遂的美好祝愿以及"冬舂"的重要地位。这里用"第一"这个词突出了年关舂米的重要地位，以农民口，写农民心。

　　接下来四句"群呼步碓满门庭，运杵成风雷动地。筛匀簸健无粞糠，百斛只费三日忙"是诗中最精彩的画面，正面描绘了冬舂的场面。一群群的儿童，相互呼唤着来观看大人舂米。

只见舂米步碓摆满了庭院,大人们用脚踏,运杵成风,那声响,那场面,就像是天雷震动地面一样。舂过米之后,要用筛子筛去碎米,用簸箕扬去稻壳,就这样舂米、筛米、簸米,百斛粮食只要三天就能完成。这场面,是充满着喜气的。范成大用他高超的艺术技巧将舂米这一场景描绘得非常逼真。

"齐头圆洁箭子长,隔箩耀日雪生光",经过舂、筛、簸三道程序后,出来的米是什么样子的呢?齐头米圆润洁净,箭子米则修长美丽,隔着箩筐也能看到它们在阳光下泛着白雪一样的光芒。一家人忙碌之后,围着一箩箩白米观看,看他们一年的收成,看舂过的米就像艺术品一样熠熠生光,内心自然是欣慰的。

"土仓瓦龛分盖藏,不蠹不腐常新香",接下来,人们就要把如此美丽的成果用土仓瓦龛分别密封好,储藏起来,这样可以保证它们不会腐烂,不被虫蠹,常年保持新鲜香醇。藏米也是劳作的最后一步,诗人细致而真实地表现了农家人的欣喜。

从"去年薄收饭不足"起则是诗歌的第二部分。"去年薄收饭不足,今年顿顿炊白玉。春耕有种夏有粮,接到明年秋刈熟。"今夕对比,一方面表现了农家对于今年"顿顿炊白玉"的由衷满意,同时也表达了对于充足的"存粮"能够保证明年春耕播种,夏天青黄不接时有粮可供,到秋天稻谷再次成熟收割前家人都不用饿肚子的喜悦。而这样的日子并非年年有,去年收成不好时,一家人连饭都吃不饱——诗人借诗句表达了农家的深深隐忧。

最后,"邻叟来观还叹嗟,贫人一饱不可赊。官租私债纷如麻,有米冬春能几家!"诗人借邻叟之口慨叹:这样相对充裕的小康生活并非家家都有,贫苦人家哪怕求一顿饱腹也不可能,官府的租税和农村的高利贷到处都是,能够到冬天还有米可舂的又有几家啊!这位"邻叟"一方面为这家小康生活而欣喜,一方面又冷静地分析了整个农村负担沉重的状况,对于威胁压榨他们的"官租私债纷如麻"进行了批判。

《冬春行》虽然写腊月农村民俗,但作为一首新乐府诗,诗人也秉承乐府诗歌的传统,真实地再现了农家生活的喜与忧,为我们留下了一幅昔日乡村生活的画面。语言的通俗质朴,用字谋篇的简洁洗练,让这首诗成为流传千年的艺术珍品。

灯市行

吴台①今古繁华地,偏爱元宵灯影戏②;
春前腊后天好晴,已向街头作灯市③。
叠玉千丝④似鬼工,剪罗万眼⑤人力穷;
两品⑥争新最先出,不待三五⑦迎东风。
儿郎种麦荷锄倦,偷闲也向城中看;
酒垆博簺⑧杂歌呼,夜夜长如正月半。
灾伤不及什之三⑨,岁寒民气如春酣⑩;
侬家⑪亦幸荒田少,始觉城中灯市好。

【注释】

① 吴台:吴姑苏台,代指吴郡,今苏州。

② 灯影戏:又称影戏、皮影戏、土影戏,用灯光照射用兽皮或纸板做成的角色剪影以表现故事的戏剧样式,由艺人一边操纵一边演唱,并配以音乐。

③ 灯市:旧俗以上元节(夏历正月十五)为赏灯之期。范成大《上元纪吴下节物》诗记录了灯市习俗:"酒垆先叠鼓,灯市早投琼。"自注:"腊月即有灯市,珍奇者,数人醵买之,相与呼卢(掷骰子),采胜者得灯。"

④ 叠玉千丝：指琉璃球灯，即以料丝为灯原料，每一隙缝映成一花，制作甚精，犹如鬼斧神功。

⑤ 剪罗万眼：指万眼罗灯，以碎罗红白相间制成，多至万眼，穷尽人力功夫最妙。

⑥ 两品：指琉璃球灯与万眼罗灯。

⑦ 三五：十五，此指正月十五日上元节。

⑧ 博簺(sài)：古代的一种博戏。掷骰子走棋叫作博，不掷骰子的叫作簺，这里泛指赌博。

⑨ 什之三：十分之三。

⑩ 酣：饮酒尽兴。

⑪ 侬家：我家。

【赏析】

这首诗是《腊月村田乐府》十首中的第二首，写年前腊后吴郡灯市的热闹景象。范成大在诗序中介绍："风俗尤竞上元，一月前已买灯，谓之灯市，价贵者数人聚博，胜则得之，喧盛不减灯市。"对比元宵节，刻画了吴地腊月灯市节日游艺的场面。

《灯市行》同样是乐府歌行体，全诗节奏比较舒缓流畅，大致可分为两个部分。从开篇到"不待三五迎东风"为第一部分，正面描绘腊月吴地灯会的热闹景象。"儿郎种麦荷锄倦"之后到结尾，是诗作的第二部分，借农家"儿郎"之眼，展示灯会及城市的繁华。这样做可以避免平铺直叙，一叙到底，给诗歌增加波澜。

"吴台今古繁华地，偏爱元宵灯影戏；春前腊后天好晴，已向街头作灯市。"开篇将腊月灯市放在吴地繁华的背景中，放到吴地民众喜欢元宵节庆的心态中，交代了腊月灯市的背景和原因。正因为吴地自古繁华，所以才有实力提前展示灯市；也正因为吴地民众偏爱元宵节的灯影戏，所以才提前过"元宵"。这里着力在"偏爱"二字，写出了民众的喜爱之情，并交代了灯市的时间。

"叠玉千丝似鬼工，剪罗万眼人力穷；两品争新最先出，不待三五迎东风。"这四句从正面精雕细画灯市的繁华热闹。首先描写灯市中有各种各样鬼斧神工、穷尽人力制作的花灯，如"叠玉千丝"灯，制作技艺如鬼斧神工；又如"剪罗万眼"灯，似已穷尽人力。当然灯市中的花灯必然不只这两种，只因这两种尤其工巧，成为灯市的两项珠冕，所以作者才着重点出。"两品争新最先出，不待三五迎东风"，是指"叠玉千丝"灯和"剪罗万眼"灯没有等到元宵节便提前被制作出来。"争新""不待"，颇能传达市民们的欢喜雀跃心情。

这是一首乐府诗，按传统是用来叙民情的，范成大在正面描写晚腊月灯市的繁华后，将笔触一转，写终年勤劳耕地的农村儿郎，忙里偷闲到城中观看灯市的情境，即"儿郎种麦荷锄倦，偷闲也向城中看"。他看到了什么呢？正是"酒垆博簺杂歌呼，夜夜长如正月半"，城中的酒垆、赌博声，夹杂着歌声，热闹非凡，城市里每晚都像元宵节一样。都市的繁华，化为一幕幕实景，沉淀在质朴少年郎的心底。

看到灯市的繁华后，儿郎也不禁思索："灾伤不及什之三，岁寒民气如春酣；侬家亦幸荒田少，始觉城中灯市好"，这样的繁华，是以农事的收成、民气的兴旺为前提的。遭受旱涝等灾荒的农家不及十分之三，腊月时候民气兴旺就像醉了酒一样，家里幸亏没有荒田，生活充足安定，这样才有心情到城里看灯市。诗人在这里借"儿郎"之口，再次强调了农事的重要性。只有保证农事，保证农村的安定充足，城市的繁华才能得到保证。

身为士大夫的范成大时时关注农事，关注农村生活，用质朴同场的语言描绘农村生活，这样的做法非常难能可贵。

照田桑行

乡村腊月二十五,长竿然炬①照南亩。
近似云开森罗②星,远如风起飘流萤。
今春雨雹茧丝③少,秋日雷鸣稻堆小;
侬④家今夜火最明,的知⑤新岁田蚕好。
夜阑风焰西复东,此占最吉余难同⑥。
不惟桑贱谷芃芃⑦,仍更苎麻无节菜无虫。

【注释】

① 然:通假字,同燃,点燃。然炬:点燃火把。

② 森罗:森然罗列,形容很多。

③ 雨雹:下冰雹。雨,动词,下。茧丝,即蚕丝。

④ 侬:我。苏州的方言俚语。

⑤ 的知:确实了解。

⑥ 此句出自韩愈《谒衡岳庙遂宿岳寺题门楼》:"手持杯珓导我掷,云此最吉余难同。"韩愈诗,"吉"代指灵验。范成大的意思是腊月的种种风俗占卜只有田桑最吉利,其他的都难以相比。

⑦ 芃芃:茂盛的样子。

【赏析】

这首诗是《腊月村田乐府》十首中的第七首,描写了吴地农村每年腊月二十五千村万落用秃扫帚、麻秆、竹枝等物燃成火把,绑在长竿梢头高照田地以祈求来年丰收的风俗。组诗下有序:"与烧火盆同日,村落则以秃帚若麻?竹枝辈,燃火炬,缚长杆之杪以照田,粲然遍野,以期丝谷。"

首联"乡村腊月二十五,长竿然炬照南亩",照应诗序中所言,也点名了照田桑的时间、地点和做法。

"近似云开森罗星,远如风起飘流萤"则承接上句,为我们展示了一幅夜间火炬高照田桑的奇观：近看就像夜间乌云消散后天幕间森然罗列的无数明星，远观则如惊风乍起飘着漫天飞舞的流萤。一静一动，交织成一幅恢宏壮观的田间火炬图景。

"今春雨雹茧丝少，秋日雷鸣稻堆小；侬家今夜火最明，的知新岁田蚕好"四句揭示了照田桑的原因。同时，也借农民之口，将诗笔的重点过渡到农事生活当中。他忆起今年春天因下冰雹，茧丝收成减产，秋天又因雷雨造成稻谷歉收，因而内心颇为苦恼。但是看到田边长竿上的火炬数自己家的最明亮，顿时又转忧为喜，因为在他看来，这是非常吉利的一件事，预示着来年谷物和蚕丝收成都会不错。作者通过今昔对比及农家对未来的期待，透露出农事生活的艰辛与不易，以及农民的质朴心愿与简单追求。

最后四句"夜阑风焰西复东，此占最吉余难同。不惟桑贱谷芃芃，仍更苎麻无节菜无虫"，诗人重新将目光投注到眼前田间的景致中，并对来年田桑给予了更美好的祝愿。夜已深了，望着田边的火焰在夜风中忽东忽西地来回摇摆，诗人认为腊月的种种风俗占卜中只有田桑最吉，其他的都难以相比；不仅来年蚕桑稻谷都会茂盛丰收，就连种植的其他作物如苎麻和蔬菜也会免遭虫害。

本诗借"照田桑"写了吴地的占卜田蚕风俗，表达了农家通过照田桑寄托的对于来年的美好期待。夜间照田的景致，也是诗人表现的重点之一，"近似云开森罗星，远如风起飘流萤"，场面非常恢宏璀璨，表达了诗人热烈的赞美。

作为乐府诗，诗人也将笔触运入农家生活的苦难与忧思当中，灾年、赋税等都会给他们的生活带来不幸。作为《腊月村田乐府》中的一首，这首诗不可避免地表现了农家苦难，但诗歌的重点更在于表现照田桑的习俗，在于表现农民通过这一习俗寄托对未来的美好期待。在艺术上,该诗也保留了传统乐府诗语言通俗流畅、生活气息浓郁的特点,在"近似"两句写景诗句中,表现出诗人较高的艺术造诣。

田 园 诗

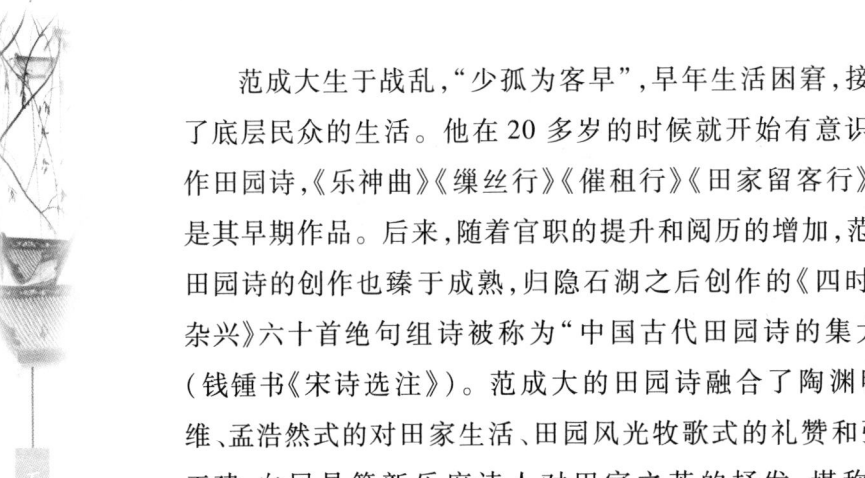

　　范成大生于战乱,"少孤为客早",早年生活困窘,接触到了底层民众的生活。他在20多岁的时候就开始有意识地创作田园诗,《乐神曲》《缲丝行》《催租行》《田家留客行》等都是其早期作品。后来,随着官职的提升和阅历的增加,范成大田园诗的创作也臻于成熟,归隐石湖之后创作的《四时田园杂兴》六十首绝句组诗被称为"中国古代田园诗的集大成"(钱锺书《宋诗选注》)。范成大的田园诗融合了陶渊明、王维、孟浩然式的对田家生活、田园风光牧歌式的礼赞和张籍、王建、白居易等新乐府诗人对田家之苦的抒发,堪称集大成者。

缲丝行①

小麦青青大麦黄②,原头日出天色凉③。
姑妇相呼有忙事④,舍后煮茧⑤门前香。
缲车嘈嘈⑥似风雨,茧厚丝长无断缕。
今年那暇织绢着⑦,明日西门⑧卖丝去。

【注释】

① 缫丝：把蚕茧的丝抽出来，缠绕成丝线，以便纺织。行，见《冬春行》注①。

② 大麦比小麦早成熟，春天小麦还青的时候，大麦已经成熟。

③ 原头：原野，田头。日出：表晴天。天色凉：指天气凉爽。晴天而天凉，正是缫丝的好时候。

④ 姑妇：婆婆和媳妇。有忙事：即趁此良好天气抓紧缫丝。

⑤ 煮茧：蚕茧成熟后必须及时煮死蚕蛹，否则茧内蚕蛹化蛾，咬破茧而出，就不能缫丝了。

⑥ 嘈嘈：象声词，形容缫车转得很快很急时的响声像风雨声一样。

⑦ 着：穿（衣），指穿绢衣。

⑧ 西门：泛指卖丝交易市场。

【赏析】

这首诗约作于绍兴二十年（1150），范成大写了田家妇女养蚕、煮茧、缫丝、卖丝的生活原貌，反映了诗人对农家妇女勤劳的礼赞及对其艰辛的同情。

在这首诗之前，范成大已创作《乐神曲》，其题下有："以下四首，效王建"，"四首"即《乐神曲》《缫丝行》《催租行》《田家留客行》，说明是仿效唐诗人王建"新乐府诗歌"而创作的。"新乐府诗"既保留"古题乐府诗""长于叙事"，"语言浅易"，以诗歌来"忧时伤世"的传统，又用乐府"新题"咏时事，即不再沿用乐府古题，而是根据诗歌主题和内容另拟新题，用新题写新事。

"小麦青青大麦黄，原头日出天色凉"，开篇便为我们展示了一幅优美的田园风光，也点明了"缫丝"的节令、时间、地点。农历三四月小麦青青的时候,大麦已经成熟。原野田头,太阳刚刚升起,天色还早,比较清凉舒爽,正是缫丝的好时候。

"姑妇相呼有忙事,舍后煮茧门前香",一般三四月份时春蚕已经结茧了,所以这一联转而开始写人事,婆媳相呼,趁着天还不热时抓紧时间干活。干什么呢?当然是煮茧缫丝。在江南农村,缫丝是一件大事,要抓住季节、天气,才能缫出质量上乘的丝。因此,她们在屋后煮茧,前院门厅都能闻到蚕茧的香味。此联写农妇们在忙碌当中也洋溢着生活的快乐。

"缫车嘈嘈似风雨,茧厚丝长无断缕",茧煮熟了,接下来的工序就是抽丝了。抽丝也是有讲究的,首先要找到丝头,连上缫车(一种抽丝的工具),然后随着缫车的转动,一点一点地将丝抽出来,过程中一定不能急躁,否则那么细的蚕丝很容易就断了。然而在范成大的诗歌中,缫丝人显然是个中好手,只见缫车飞快地转动,发出嘈嘈嘈嘈之类暴风雨似的声音,但是她手下厚厚的蚕茧上被抽出的丝一点也没有断。这无疑更是对田家儿女勤劳能干的赞美,对美丽而忙碌的江南农村生活的赞美。

然而这种赞扬在最后两句戛然而止:"今年那暇织绢着,明日西门卖丝去。"缫丝后,原本可以用这丝来织绢的,但诗人借田家女之口说:"今年哪有时间织绢做衣穿呢?明天就要到西门市场把缫好的丝卖出去啦。"虽然只是淡淡的一句话,但诗意上是一个大转折,诗人由赞扬缫丝女的勤劳、赞扬农村生活的质朴一下子转到对其的同情中。绢是成品衣料,缫丝不是为了织衣给自己穿,而是为了卖钱,解决家中困境。至此,欢喜的情调一扫而空,代之以悲哀氛围。

传统诗歌创作结构一般是"起—承—转—合",转折部分在第三联,范成大这首诗的前三联都在写农家之喜,基调是轻松、欢乐的,节奏是明快、流畅的,最后却笔锋突转,转入对农村衰颓现实的描写,既让人顿感突兀,又发人深省,同时也契合"张籍、王建"新乐府"忧时伤世"的传统,照应《乐神曲》下序言中"效王建"三字。

钱锺书评价范成大的"田园诗有了泥土和血汗的气息"(《宋诗选注》),本诗就是其中的典型代表。在艺术上,该诗秉承了新乐府诗语言简易通畅的特点,不用典故,却通过结构的转折调整造成了强烈的艺术效果。

催租行①

输租得钞②官更催,踉蹡里正③敲门来。

手持文书④杂嗔喜:"我亦来营醉归耳⑤"。

床头悭囊⑥大如拳,扑破正有三百钱。

"不堪与君成一醉,聊复偿君草鞋费⑦。"

【注释】

① 行:见前《乐神曲》注①。

② 钞:指户钞,农户缴纳税款后取得的收据。输租得钞,说明田赋已经缴了。

③ 踉蹡:走路歪歪倒倒的样子。里正:职官名,乡里小吏,负责掌管户口、赋役等,一般是由乡中的小地主、殷实户担任,专管催督赋税。

④ "手持文书",此句化用白居易"手把文书口称敕"句,指里正手持文书来催租。一说里正看到农户交出的户钞凭据,知道他已经缴租完毕。

⑤ 亦:不过,只是。营:图谋、营求。这里指里正露出本来意图,明言勒索。

⑥ 悭囊:犹"穷家当"。囊指藏钱的袋子,此指"扑满",

一种陶罐,用于存钱的器具,上方有一细长的小孔,只能放钱进去,却拿不出来,等钱存满,才打破它把钱一起拿出来。

⑦ 草鞋费:一种委婉的说法。指报答里正奔走劳苦,跑破了鞋的费用。这里专指付给里正的小费。

【赏析】

这首诗同样约作于绍兴二十年(1150),是范成大"效王建"诗四首中的最后一首。作者以辛辣之笔讽刺了催租里正的种种丑态,批判了宋朝吏治的黑暗,并对南宋百姓的无奈与隐忍给予深深的同情。

南宋时期,偏安江南的朝廷为了维持所谓的"和平",每年都要向边界各国上贡岁币及丝织物等,这些最终都以赋税的形式沉重地压在普通百姓的身上。据史料记载,南宋的税收非常沉重,虽偏安江南一隅,其税收总量甚至比明朝统一的时候还要多。那么这么重的赋税是怎么收上来的呢?答案就是重复征缴。

"输租得钞官更催,踉跄里正敲门来",诗人开篇即单刀直入,点出催租这个主题。"钞",是官府发给交租户的收据。"输租得钞"说明田赋已经缴了,而且有凭据了。但是这个凭据显然是不起什么作用的。"官更催"三字,表明租税已清,官家犹催,可以说是拉开了催租农家这个故事的序幕。接着喝得醉醺醺的催租里正就踉踉跄跄来到农家,敲响了房门。"踉跄"二字活灵活现地再现了官员里正的醉态丑态,真是如同流氓土匪一般。表达了诗人对宋官员无耻行径的讽刺。

"手持文书杂嗔喜:'我亦来营醉归耳'",承接上文,对里正的丑恶嘴脸进行精雕细画。农家打开门之后看到里正手里拿着新的催缴文书,脸上交替着愤怒、责怪与喜悦的表情,毫不掩饰地敲诈:"我只不过是想来弄几杯酒喝喝而已。"真是无耻到了极点。这里的"文书",可以解释为官府下达的新的催租文书;也可以解释为里正看到农户交出的户钞凭据后,对他已经缴租完毕感到非常愤怒,继而又恶狠狠地逼迫农家再次交租。诗人通过对里正动作、表情、语言的深入描写,让一位阴险狡诈、死皮赖脸的流氓形象跃然纸上。这也正是诗人笔下宋朝小吏的丑态。

接下来的四句则写了农家面对里正的敲诈勒索时的反应。范成大笔下淳朴、善良的农家人会反抗吗?显然是不会的,在官府长期的压迫下,他们根本无力反抗,只能妥协。"床头悭囊大如拳,扑破正有三百钱",他们拿出藏在床头的仅仅大如拳头的存钱瓦罐,摔破之后,里面刚刚好有三百钱。"床头",藏在床头的,极言其珍贵,很可能是农家省吃俭用很长时间才节省下来的一点家当,是农民的血汗钱。然而眼下这种情况,也只能眼睁睁地给人了。"不堪与君成一醉,聊复偿君草鞋费",这是农家拿钱出来时所说的话:才三百钱,还不够您买酒痛饮一次的花费,只能稍稍报答您辛苦奔走跑破了鞋的费用。面对这赤裸裸的敲诈勒索,农家选择了无奈、隐忍,并且还奉上"小费",以求息事宁人。

唐宋时期,农家看到催租的官吏到来,本来就要设宴款待的,如柳宗元《田家》:"里胥夜经过,鸡黍事宴席。"这已经成了惯例。所以这个里正看到农家交税的凭据后,还能理直气壮地说自己只是来喝喝酒罢了,实际上他收不到钱是不肯罢休的。农家显然也知道里正的心思,无奈家中实在贫苦,最终不得不拿出床头仅剩的存钱"聊复偿君草鞋费"! 范成大早年一直生活在底层,对于这样的事情可谓司空见惯,他只是择取其中比较典型、常见的场面写入诗词,便产生了极富戏剧性的效果。全诗对南宋官吏的丑恶嘴脸刻画得入木三分,同时也反映了在层层盘剥下生活的民众的无奈与苦难。

这首乐府诗在艺术上别具一格,通过场面描写、细节刻画及简单的语言对话,诙谐而富有戏剧性地表现了宋朝官场的黑暗及农民所受的压迫,具有较高的艺术价值。

春日田园杂兴(其二)

土膏欲动雨频催①,
万草千花一晌②开。
舍后荒畦③犹绿秀,
邻家鞭笋④过墙来。

【注释】

① 土膏:滋润的沃土。动:松动。土膏欲动,表示春天来了。

② 一晌(shǎng):一会儿、片刻,表示很快。

③ 畦:本指土地的丈量单位,此泛指田园。

④ 鞭笋:竹子的根叫鞭,地下茎上横生的芽叫笋。

【赏析】

这首诗作于宋孝宗淳熙十三年(1186),60岁的范成大在故乡石湖养病期间,是《四时田园杂兴》六十首绝句中的第二首,主要描绘了春日乡村美丽的田园风光。

《四时田园杂兴》是范成大归隐石湖后写的一组田园诗绝句组诗,诗前小引曰:"淳熙丙午,沉疴少纾,复至石湖旧隐,野外即事,辄书一绝,终岁得六十篇,号《四时田园杂兴》。"组诗分"春日""晚春""夏日""秋日""冬日"五组,每组12首。不仅描绘了安宁、美丽的乡村自然风光,展示了一幅幅民间风俗画,而且表现了生产劳作的艰辛以及农家生活的点点滴滴,有较高的文学成就。这组诗歌也使范成大一跃成为中国古代田园诗的集大成者。

"土膏欲动雨频催,万草千花一晌开",写早春时节的美景。早春时节,天气转暖,土地解冻,万物复苏,淅淅沥沥的春雨下个不停,在春雨的滋润和催发下,花草争发,转眼之间全盛开了,姹紫嫣红,美丽无比。

"舍后荒畦犹绿秀,邻家鞭笋过墙来",诗意一转,春天是百花盛开的季节,但是诗人写"我房子后面荒废的田园还是绿油油的一片",让人不由产生了疑惑:难道是春姑娘把诗人家里给遗忘了?显然,春天不会厚此薄彼,邻居家的竹笋都伸过墙底长到了我家!这一句真是神来一笔。这过墙而来的鞭笋,无疑像"出墙的红杏",堂而皇之地为诗人带来了满满的春意,让人欣喜不已。

这首诗虽然短小,却写出早春时节万物萌动的勃勃生机。"土膏""荒畦""邻家"等意象的运用,也让这首诗泛着淡淡的泥土气息。诗人没有将笔力花费在春天姹紫嫣红的百花中,只用白描手法,用"万草千花一晌开"一笔带过,末句却极其细致地刻画了"邻家鞭笋"穿墙过来的生动画面,可谓观察入微。同时舍百花而取"鞭笋",也与淳朴、宁静的田园风光更加契合,更给人以亲切之感。

晚春田园杂兴(其三)

蝴蝶双双入菜花,
日长无客到田家。
鸡飞过篱犬吠窦[①],
知有行商来买茶[②]。

【注释】

① 犬吠窦:狗在狗洞边叫。窦:孔穴,洞。

② 买茶：《宋诗钞》作"卖茶"，误。宋代茶法规定，行商者必须请得官方的"长引""短引"才能到种茶园户买茶，此诗大概吟咏此事。

【赏析】

这首诗是《晚春田园杂兴》中的第三首，描绘了晚春时节乡村安宁静谧的境界，同时也将商人活动引入田园生活，大大拓展了田园诗的表现范围。

"蝴蝶双双入菜花"，开篇即景，描绘了一幅安宁美好的晚春图景。油菜花盛开的时候，时令已经到了晚春初夏，翩翩起舞的蝴蝶双双飞入油菜花中，给人一种美好安宁的感觉。"日长无客到田家"承接上文，写田家生活。随着夏天的到来，白天越来越长，然而这么长的一天也没有客人到访。这里用"无客"二字从侧面烘托了田家生活的安静乃至孤寂。前两句虽然未着一个"静"字，但宁静乃至寂静之境跃然纸上。

"鸡飞过篱犬吠窦"，诗意出现转折，开始写"动"景。院子的鸡突然咯咯地叫着飞过篱笆，狗也在洞里拼命地狂吠。这样的动静无疑打破了农家的寂静，让读者不禁疑惑：发生了什么事呢？"知有行商来买茶"，切合上句，回答了"鸡飞犬吠"的原因，原来是城里的商人来村上买茶叶呢。这里范成大将传统的田园风光与商业活动联系起来，大大拓展了诗歌的表现范围。

后两句着重写"动"，写乡村宁静境界被打破。然而细细品味，商贩到来引起的鸡飞犬吠只是暂时地打破寂静，这些声响也更反衬出田园的安静祥和。正如王籍《入若耶溪》"蝉噪林逾静，鸟鸣山更幽"，陶渊明《归园田居》"狗吠深巷中，鸡鸣桑树颠"，以动衬静，动中有静，这是此诗艺术上的独特之处。

范成大这首《晚春田园杂兴》笔调轻松自然，风格清新疏朗，表现了诗人对于田家安静乃至孤寂生活的流连享受，饱含着诗人从朝堂官事的束缚中解脱出来的欣喜心情。

夏日田园杂兴(其一)

梅子金黄杏子肥,
麦花雪白菜花稀。
日长篱落①无人过,
唯有蜻蜓蛱蝶②飞。

【注释】

① 篱落:即篱笆。

② 蛱(jiá)蝶:即蝴蝶。

【赏析】

这首诗是《夏日田园杂兴》中的第一首,描写了初夏江南田园的清丽之景,表现了乡村生活的宁静、安详。

"梅子金黄杏子肥,麦花雪白菜花稀"描绘了吴地远处的田间美景。初夏时节,田间一树树的梅子逐渐成熟,色泽也随之变得金黄,青杏也越长越大了。大片大片雪白的荞麦花迎风盛开,更衬得将要结子的油菜花稀稀落落。

后两句"日长篱落无人过,唯有蜻蜓蛱蝶飞",视线由远及近,描绘了农家院子的宁静、安详。夏日白天很长,长长的一天里,门前的篱笆小院都没人经过,只有灵巧的蜻蜓和美丽的蝴蝶绕着篱笆飞来飞去。

这首诗中的"梅子、杏子、麦花、菜花"是田间特有的风物,作者用"黄""肥""白""稀"等词形容,色彩清丽,亲切自然;而"无人过"与"蜻蜓蛱蝶飞"也一静一动,静中有动,以动衬静,表现了农家院子的宁静。同时,农家的安静也反衬出初夏时节农事的繁忙,正因为农民早出晚归,所以农家才如此安静。更有甚者诗人也以农家的安静反衬出对世俗名利繁忙生活的厌弃及退隐田园的由衷欣喜。

夏日田园杂兴（其七）

昼出耘田夜绩麻①，

村庄儿女各当家②。

童孙未解供耕织，

也傍③桑阴学种瓜。

【注释】

① 耘：除草。绩麻：缉麻，把麻析成细缕捻接起来。这里指昼夜劳作有不同的分工，其实也是男女有不同的分工。

② 当家：犹当得起家，顶得起来。指村上的男女分司耕田、织布等事务，各占一行的意思。

③ 傍：靠近、贴近。

【赏析】

这首诗是《夏日田园杂兴》十二首绝句中的第三首，同样作于宋孝宗淳熙十三年（1186），写了夏季农家儿女耕田纺织的勤劳图景，并以生动之笔赞扬了乡村孩童的天真可爱。

前两句"昼出耘田夜绩麻，村庄儿女各当家"，用白描手法概括地描绘了田家儿女男耕女织、昼夜劳作的生活图景。田家生活是忙碌的，白天出去除草耕地，晚上回来搓麻纺线。然而在这首诗中，诗人突出的不是生活的艰辛，而是田家儿女的能干。一句"村庄儿女各当家"即指出村上的男女分司耕田、织布，各占一行，都能撑持门户、管理家事，非常能干。诗人的赞赏之情，隐约可见。

后两句"童孙未解供耕织，也傍桑阴学种瓜"，诗人突然将镜头一转,聚焦在童稚未消的农家孩子身上,对其进行精雕细刻。孩子还小,完全不能理解成人耕田织布的辛苦,反而将之当成游戏,在桑阴底下有模有样地学大人种瓜。诗人这里将儿童的童真及心态描写得惟妙惟肖。孩子正处于贪玩的时候,对成人的世界自然是一知半解,但这并不妨碍他们的快乐,耳濡目染之下,他们也可以把辛苦的农事劳动当成好玩的游戏,自顾自地在桑阴里开心地玩起来。在诗人笔下,农家儿童的生活也充满了快乐与童趣。

田园诗自陶渊明、王维等之后发展迅速,但他们更乐于抒写士大夫心中安宁祥和的田园情趣,张籍、王建、白居易等新乐府诗人又过于强调反映农村的真实面貌,特别是农家生活的艰辛困苦、农村的凋敝。范成大可以说将两者很好地结合起来,既描写了田园生活,也表现了田园风光,且田园生活中的苦与乐交织出现,让田园生活在诗歌中表现得更加立体、全面。

就艺术而言,这首田园诗除了语言清丽流畅外,在结构上也有特色,前两句粗略勾勒,描绘了农家生活的大致轮廓,后两句则将镜头集中于"儿孙"身上,精雕细画,表现了孩子的童真与可爱,展示了诗人较高的艺术造诣。

夏日田园杂兴(其十一)

采菱辛苦废犁锄①,
血指流丹鬼质枯②。
无力买田聊种水③,
近来湖面亦收租!

【注释】

① 钽：同"锄"。废：废弃，不用。

② 血指流丹：指采菱时手指被刺破流血。鬼质：形貌粗野丑陋，不成人样。鬼质枯，指采菱的贫困百姓枯瘦如鬼，几乎没有人形。

③ 聊：姑且；暂且；勉强。种水，在水中种植菱角等作物。

【赏析】

这首诗是《夏日田园杂兴》十二首绝句中的倒数第二首，同样作于宋孝宗淳熙十三年（1186），写了晚夏时节采菱人生活的艰辛，同时批判了宋朝赋税的沉重与无孔不入。

"采菱辛苦废犁钽"，开篇即单刀直入地书写采菱人劳作的辛苦。此句是指尽管采菱不需使用笨重的犁锄，但仍然非常辛苦。辛苦成什么样呢？

"血指流丹鬼质枯"，诗人通过对其双手及形貌的细节描写，为采菱人画了一幅形象的肖像画。因为采菱时手指被刺破，采菱人常常双手血流不止，形貌更是枯瘦如鬼，几乎没有人形。这一细节描绘生动地展示了"采菱辛苦"的程度。既然采菱这么艰辛惨烈，为什么还有人以此为业呢？

第三句"无力买田聊种水"揭示了原因。随着宋朝土地兼并的越演越烈，农民赖以生存的土地被剥夺，没有资金购买田地，只好勉强在水中种植菱角等经济作物谋生。然而他们的悲惨命运远不止此，本诗的最后一句终于将故事推向高潮。"近来湖面亦收租"，作者将笔锋一转，揭示了意想不到的变化——近来在湖面种植作物也要向官府缴纳租税了。朝廷的赋税真是无孔不入，不由让人感慨"苛政猛于虎"。诗人隐约地在警告统治者：如此作为无疑是"竭泽而渔"，"水能载舟，亦能覆舟"，榨干百姓最后一滴血的结果也是他们不能承受的。

从艺术上看,这首诗的风格与唐朝新乐府诗较为接近,即用最明白浅显的语言揭示社会最深层的黑暗现实,其情状令人不忍卒读。

秋日田园杂兴(其四)

静看檐蛛结网低,
无端①妨碍小虫飞。
蜻蜓倒挂蜂儿窘②,
催唤山童为解围。

【注释】

① 无端:没来由的,平白无故的。
② 窘:困迫,惶恐不安。

【赏析】

这首诗是《秋日田园杂兴》十二首绝句中的第四首,作于宋孝宗淳熙十三年(1186)。作者以初秋时节农家屋檐下的蜘蛛、蜻蜓、蜜蜂这些小虫子与天真可爱的山童之间的趣事,表现了安闲的农家生活中别样的乐趣。

前两句"静看檐蛛结网低,无端妨碍小虫飞",诗人闲来无事,在屋檐下静静地观察檐上的蜘蛛网和周围飞来飞去的小虫子。想来是檐下的蜘蛛网结得太低了,所以没来由地就妨碍了小虫子的自在飞翔。一个"静"字,表明了诗人此刻的安静闲逸之态。一个"低"字,表面上是写蜘蛛网太低,深思一下,蜘蛛网之所以低,主要是因为屋檐太低,实际上契合的是农家"茆檐低小"的特点。"无端",平白无故的,此二字也颇让人玩味。自然界里蜘蛛结网本来是为了猎取飞虫,作者偏要责怪它平白无故地妨碍了小虫子,可谓有妙思。

第三句"蜻蜓倒挂蜂儿窘",用拟人化的语言生动地表现了小虫子被网住时的窘态。这里诗人观察细致入微,蜻蜓头大身细,前重后轻,飞行受阻时往往尾部上翻,所以粘在蛛网上时是倒挂着的。蜜蜂则不同,头小肚圆,被困之后自然拼命挣扎,窘态百出。

最后一句"催唤山童为解围",诗人宕开一笔,不再写虫子之间的故事了,而是将笔墨转到"山童"——山村孩童身上。蜻蜓和蜜蜂同时被网住的情景确实少见,也非常有趣,其拼命挣扎的困窘模样更是触动了诗人的某根敏感神经,让他赶快呼唤山村的孩子来给小虫子解围。"催唤",诗人急忙催促呼唤,表达了诗人急切的心情。那么诗人为什么要找孩子为它们解围呢?这又是诗歌的妙趣所在。小虫子之间的这两三事,在成人看来都是自然现象,没有什么好玩、有趣的,只有童真的孩子才会同情它们,觉得好玩,愿意花工夫为它们解围。当然,至于"解围"之后是放生还是拿来玩,则是不用管的,那该是另外一个故事了。

在这首诗中,作者善于移情入景,用拟人的手法表现田家虫子和孩童间的趣事,取材新颖,思路别致,趣味横生,集中表现了山村田园闲适有趣的生活。

秋日田园杂兴(其十一)

细捣枨虀有脍鱼①,
西风吹上四腮鲈②。
雪松酥腻千丝缕③,
除却松江④到处无。

【注释】

① 柽:橙子。虀(jī):用姜、蒜、葱、韭等菜切成的碎末,用作调料。脍:细切的鱼肉。

② 四腮鲈:四鳃鲈鱼,即松江鲈。因为这种鲈鱼的鳃膜上有两条橙色的斜纹,就像是两片鳃叶,因此被称为"四鳃鲈"。

③ 雪松:指鲈鱼肉质雪白松软。酥腻:鲈鱼吃起来口感松软滑腻。

④ 松江:吴淞江的古称。松江从太湖经吴江、昆山、嘉定、青浦至上海,与黄浦江汇合入海。

【赏析】

这首诗是《秋日田园杂兴》十二首绝句中的第十一首,描绘了吴地特有佳肴"四鳃鲈鱼"的鲜美。

"细捣柽虀有脍鱼,西风吹上四腮鲈",开篇即细致描绘了吴地人家吃鲈鱼的讲究。说是秋风一吹,秋天一到,就是吃四鳃鲈鱼的最好季节。这时候要将橙子、姜、葱、蒜等切丝,细细地捣成碎末,做成调料,伴着切好的鲈鱼一起吃,这样才美味。

"雪松酥腻千丝缕",写鲈鱼肉质及口感之美。鲈鱼肉质像雪一样,白且松软,吃起来口感松软滑腻,就像是千万条蚕丝一样嫩滑。最后,诗人不无自豪地向大家介绍,这么美味的佳肴是自己家乡的特产,除了松江外,别的地方都没有。

苏州有很多特产,如阳澄湖的大闸蟹,太湖三白——白鱼、银鱼、白虾,还有莼菜、鲈鱼,后两者尤其有名。晋张翰(字季鹰)在洛阳做官时,秋风一起,就想起家乡的莼菜鲈鱼脍,于是便辞官而归。张翰的典故被许多诗人引用。这里范成大虽然没有明确用典,却跟张季鹰表达了同一个意思,充满了对退居生活的欣喜和对家乡的热爱。该诗对鲈鱼吃法及口感的描绘非常细致精巧,表现了作者不凡的艺术修养。

冬日田园杂兴（其十）

黄纸蠲租白纸催①，

皂衣旁午下乡来②。

"长官头脑冬烘③甚，

乞汝青钱④买酒回。"

【注释】

① 蠲（juān）：除去、减免。黄纸、白纸，都是指官府文告。黄纸，宋时朝廷的诏令，送达州官后，地方官应再用黄纸照抄公布，叫"翻黄"。白纸，是地方官府所发的文告，用白纸抄录。

② 皂衣：黑衣，官府差役穿的服饰。旁午：亦作"旁迕"，交错、纷繁，多而乱的样子，指衙门的差役纷纷下乡敲诈百姓。

③ 冬烘：迂腐，浅陋。

④ 青钱：铜钱。

【赏析】

这首诗是《冬日田园杂兴》十二首绝句中的第十首，同样作于宋孝宗淳熙十三年（1186），写了中央朝廷与地方官府争相下令收缴田赋的现实，表现了当时政权的虚伪、贪婪以及农民的痛苦。

前两句"黄纸蠲租白纸催，皂衣旁午下乡来"，客观叙述了官府差役纷纷下乡催缴田赋的现实。黄纸，朝廷的诏令。白纸，地方官府所发的文告。南宋时期，赋税非常沉重，朝廷为了取信民心，往往发布黄纸诏令，假惺惺地减免赋税，然后又暗中让地方政府另外发布白纸公告催缴田赋，而且地方收缴的往往比正常租赋还要多。当时的农谚"黄纸放，白纸催"说的就是这个意思。这个时候，州县差役也趁机纷纷下乡，假公济私，捞取油水。"旁午"一词，将差役们杂乱无章、迫不及待的样子刻画得活灵活现。宋朝官府的贪婪、黑暗、虚伪可见一斑。

后两句"长官头脑冬烘甚,乞汝青钱买酒回",则用皂衣差役的口吻写出其奸猾、卑鄙的丑态。显然差役也知道朝廷是下了减免赋税的文书的,所以他一边迎合民众心理,义正词严地骂自己的长官真是脑子不清楚了,明明朝廷减免了赋税,还让他跑腿来收租,一边则在暗示、威胁农民——收租是长官的命令,不关他的事儿,不交也是不行的。一边讨好,一边威胁,油滑尖刻,作威作福,一副小人的嘴脸跃然纸上。

最后他还要农户送自己一些铜钱买酒吃,表面上是讨酒钱,实际上是假公济私,中饱私囊,不管赋税能不能收得上来,自己辛苦奔忙还是要收点"小费"的。这里恰好与范成大《催租行》中所描绘的"我亦来营醉归耳"的做法吻合。这些衙役既是国家管理民众的工具,又是腐化政府的蛀虫,更是吸食百姓血肉的吸血鬼。这些人奉上欺下,两面讨好,卑鄙圆滑,给民众带来了沉重的苦难。范成大对其自然是极尽讽刺和挖苦之能事。

政治讽喻诗每朝都有,范成大却绝少用议论写诗,而是通过对官员外貌、形象、语言、神态等的描述,嬉笑怒骂,讽刺挖苦,极有喜剧性。然而"幽默"的背后则藏着深深的悲哀,藏着诗人对于现实的不满及对民众的同情。

苏州题咏诗

作为土生土长的苏州人,范成大一生当中留下了不少题咏苏州的诗歌,包括苏州的自然山川、苏州的风土民情、苏州的名胜古迹、苏州人的日常生活等。这里选录的苏州题咏,主要是民俗、田园之外的反映苏州山水、名胜及民众出游的一些诗篇。

半　塘[①]

柳暗阊门逗晓开[②],
半塘塘下越溪[③]回。
炊烟拥柂[④]船船过,
芳草缘堤步步来。

【注释】

① 半塘:阊门外有山塘街,长七里,名七里山塘,一半处称半塘,有半塘桥横跨山塘河。

② 阊门:苏州城西的一座古城门。古时阊门高楼阁道,雄伟壮丽。唐宋时期,阊门一带是苏州的繁华之地,地方官吏

常在这里宴请和迎送宾客。逗晓:破晓,天刚亮的时候。

③ 越溪:即越来溪,在苏州西南,是越王攻打吴国时连夜开凿的水道,经横山与石湖相通。

④ 柁(duò):即舵,用于控制船的行驶方向。

【赏析】

这首七言绝句作于宋高宗绍兴二十一年(1151),这一年范成大26岁,尚未科举入仕。范成大在故乡"城西道中"写下了一组20首诗歌,《半塘》是其中第一首,描绘了清晨阊门外山塘街的美景。

"柳暗阊门逗晓开,半塘塘下越溪回",开篇没有直接描绘半塘,而是描写了清晨半塘旁的阊门及越来溪的美景,侧面烘托了山塘街地理位置的优越。天刚破晓,浓浓柳荫遮蔽下的阊门便缓缓打开了,从山塘街向下是回环曲折的越来溪。

"炊烟拥柁船船过,芳草缘堤步步来。"视线由远及近,描绘苏州以山塘街为代表的独特水乡风貌。随着时间的推移,山塘街逐渐苏醒热闹起来,只见一艘艘冒着炊烟的小船从山塘河驶过,两岸的芳草地上也渐渐有行人步步走来。这两句显然作者下了一番功夫,对仗极其工整,且语言清丽简洁,表现了清晨山塘街的繁华热闹景象,也体现了苏州城市商业的发达。

横 塘①

南浦春来绿一川②,石桥朱塔两依然③。
年年送客横塘路,细雨垂杨系画船④。

【注释】

① 横塘:古堤名,在吴县(今苏州)西南。

②南浦：南面的水边,这里代指送别之地。一川：一片平川；满地。

③石桥：指枫桥,在横塘北面。朱塔：指寒山寺的塔,也有人认为石桥是彩虹桥,行春桥朱塔是楞伽寺塔。

④系：拴着。画船：装饰华美的船。

【赏析】

这首七言绝句作于宋高宗绍兴二十一年(1151),是范成大故乡"城西道中"二十首之一。描绘了作为送别之地的"横塘"的景色,表达了送别朋友时的悲伤之情。

首句"南浦春来绿一川",概括写春日横塘水滨美景。春天一到,横塘南面的水滨便满地满眼都是绿色。这里"南浦"一词,暗用江淹《别赋》"送君南浦,伤如之何"句,隐含了送别之意。

"石桥朱塔两依然",就眼前之景进行细致描绘。那横卧水波的石桥和耸立的寺塔依旧是原来的样子。石桥、朱塔在此不仅是景色的点缀,更是离别的见证。这里用物的永恒不变反衬人的迎来送往、不断变化,表达送别的感伤。此处之"两依然"也可解作两相依,然为语气助词,用物的相依,反衬人的离别。

"年年送客横塘路",突出了"年年"二字,说明每年诗人都在横塘路边与亲友离别,可见横塘作为离别之地,寄托了诗人多少依依不舍之情。

最后一句"细雨垂杨系画船"是写景句,诗人借景抒情,使诗歌显得更加含蓄蕴藉。"细雨"点明送别之时下着蒙蒙细雨,这为送别平添了三分凄冷；"垂杨"即柳树,古人有折柳送别的习俗,"柳",谐音"留",含挽留之意,又为送别增添了三分惆怅；"系画船"是写船已经靠岸,等着人走,又为送别增加了三分愁苦。前三句依次写来,句句相扣,末句用饱含深情的景语结尾,诗境更加含蓄清幽。

范成大这首诗描绘了一幅江南水乡的春日送别图景,情景交融,感情真挚、浓郁。

初归石湖①

晓雾朝暾绀碧烘②,横塘西岸越城东③。
行人半出稻花上,宿鹭④孤明菱叶中。
信脚⑤自能知旧路,惊心时复认邻翁。
当时手种斜桥柳,无数鸣蜩⑥翠扫空。

【注释】

① 石湖:湖名,在吴县(今苏州)西南,西南通太湖,风景优胜,范成大在湖边建石湖别墅作为晚年归隐之地。

② 朝暾:初升的太阳,这里指早晨的阳光。暾(tūn):太阳刚升起的样子。绀(gàn):深青透红之色。

③ 横塘:堤名,在吴县(今苏州)西南。越城:越王勾践进攻吴国时所筑屯兵土城,在石湖北面越来溪东。

④ 宿鹭:栖息的白鹭。

⑤ 信脚:漫步,随意行走。

⑥ 鸣蜩:一种比较小的蝉,此指秋蝉。

【赏析】

这是一首七言律诗,诗作于宋孝宗淳熙五年(1178)范成大罢相奉祠回乡之时。抒发了诗人离开朝廷回归故乡的欣喜之情及对岁月流逝、时光无情的唏嘘之叹。

前两句"晓雾朝暾绀碧烘,横塘西岸越城东",写了诗人清晨刚到石湖时所见之景。清晨,太阳刚升起来,阳光还不是特别明亮,雾气依然笼罩着周围景物,阳光透过雾气,蒸腾出一片碧蓝青红的色彩,美丽极了。此时,诗人正好回到了石湖,就在横塘的西岸,越城东面。这里照应题目,点出初归石湖的时间、地点。

"行人半出稻花上,宿鹭孤明菱叶中",诗人由远及近,写出了石湖水乡的田园风貌。由于是清晨,路上的行人只是零零散散地走过,他们的身体大半部分都淹没在稻花丛中。这里的"行人",也可以理解为来接范成大的亲友。湖边栖息的白鹭,在清晨蒙蒙的天色中,在周围暗绿色菱叶的映衬下,显得尤其明晰可爱。此句对仗十分工整,作者以"半出"对"孤明",用量词做比,尤其出色,写出了清晨朦胧天色中,行人掩映在稻花丛中,点点白鹭映衬着暗绿菱叶的江南水乡美景。

"信脚自能知旧路,惊心时复认邻翁",虽然已时隔多年,但诗人还是能熟练地找到旧时归家的路,信步走来,一点都不会出错。路上恰巧遇见一位老翁,竟然认出是昔日的邻居,真是让人震惊不已,也不由得感叹岁月的流逝。这句对仗也颇工整,特别是"信脚"的随意悠闲姿态与"惊心"的震惊之情对比,更反衬出时光的无情。

"当时手种斜桥柳,无限鸣蜩翠扫空"承接上联,继续写时光流逝的迅速。当年诗人在斜桥边亲手种植的柳树苗如今已经长大,翠绿的枝条横扫碧空,更有无数秋蝉在叶间高声鸣唱,让人不由生出"树犹如此,人何以堪?"的唏嘘之感。

全诗洋溢着对辞官归家的由衷欣喜及对世事变迁的无限感慨。诗中晨雾、朝阳、行人、稻花、白鹭、菱叶交织成一幅石湖生态美景画,淳朴雅致又难掩几分洒脱之意。

春日田园杂兴（其七）

寒食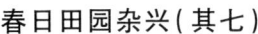花枝插满头，

蒨裙青袂几扁舟②。

一年一度游山寺，

不上灵岩即虎丘③。

【注释】

① 寒食：寒食节，见《寒食郊行书事》注释①。

② 蒨（qiàn）：绛红色。袂（mèi）：衣袖。

③ 灵岩：灵岩山，在今苏州西南木渎古镇。虎丘：山名，在今苏州市西北，亦名海涌山。

【赏析】

这首诗作于宋孝宗淳熙十三年（1186）春范成大归隐石湖之后，描写了吴地民众寒食节春游踏青的盛景。

前两句"寒食花枝插满头，蒨裙青袂几扁舟"，写了吴地民众寒食出游的盛况。寒食节正值春天百花盛开之时，只见人们个个将采来的鲜花插满鬓发，穿着绛红色的罗裙，搭配青色的衣袖，打扮得鲜亮美丽，驾着扁舟去春游踏青。

"一年一度游山寺，不上灵岩即虎丘"承接上句，指明吴地民众游览的去处。在一年一度的寒食节来临之际，吴地民众都习惯到山寺游览，且有特别去处：不是去灵岩山，就是到虎丘。灵岩山在吴县西南，山上有灵岩佛寺，也是春秋时期夫差所建馆娃宫遗址所在。灵岩山上多奇石，巨岩嵯峨，怪石嶙峋，风景雄奇秀丽。虎丘在今苏州城西北，亦名海涌山，相传吴王阖闾葬在此地；上有虎丘塔、云岩寺、剑池、千人石等名胜古迹。苏轼曾说："到姑苏不游虎丘，乃憾事也！"灵岩和虎丘，一南一北，正是吴地居民寒食出游的必选之地。

这首七言绝句语言清丽流畅，描写了寒食期间民众到灵

岩、虎丘游览的盛况,再现了吴地民众独具特色的出游方式。

秋日田园杂兴(其七)

中秋全景属潜夫①,
棹入空明看太湖②。
身外水天银一色,
城中有此月明无。

【注释】

① 潜夫:指隐士。

② 棹(zhào):船桨,这里代指船。空明:形容湖水空旷澄澈。

【赏析】

这首诗作于宋孝宗淳熙十三年(1186)秋,写了诗人中秋太湖赏月时所见的美景。

前两句"中秋全景属潜夫,棹入空明看太湖",开篇点出"太湖中秋"四字及诗人的"潜夫"隐士身份,表明了这首诗的主旨。在诗人看来,中秋的全部美景都是属于隐士的,于是在中秋之夜诗人驾一叶扁舟,到空旷澄澈的太湖去赏月。"空明"二字,既是对太湖月夜美景的精确概括,又何尝不是"隐者"心境的概括?只有弃绝尘世杂念的人,才会拥有空明澄澈的心境,也才能欣赏太湖中秋月夜特有的澄净之美。

接下来两句"身外水天银一色,城中有此月明无"写太湖中秋月夜的特殊美景。只见周身之外,太湖湖面宽广,水天相接,在柔和的月光下,水与天竟成一色,都泛着潋滟的银光。这样美丽的太湖明月,在灰尘满街的大城市是看不到的。传说太湖是范蠡携西施隐居之地,范成大一直自诩为范蠡的后人,因此对太湖有一种特殊的感情。这里诗人表面上是写太湖月色,实际上是将作为隐者所居之地的太湖与世俗名利场的大城市对比,表达了诗人对于悠闲自在退居生活的赞美。

这首七言绝句虽寥寥数语,却曲尽中秋太湖空明澄澈、水天一色之美,是诗人太湖写景诗的代表作之一。

剑　池①

石罅泓渟剑气潜②,谁将楼阁苦庄严③?
只知暖热游人眼,不道苍藤翠木嫌。

【注释】

① 剑池:在苏州西北虎丘山,传说吴王阖闾葬在这里,随葬的还有"专诸""鱼肠"等三千宝剑。剑池池水常年不干。
② 石罅:石头缝隙。泓渟:指水很深的样子。
③ 楼阁:这里指剑池西北面的虎丘塔。庄严:动词,指建筑寺塔,装饰佛像。

【赏析】

这首诗歌是范成大《虎丘六绝句》之一,当作于宋光宗绍熙元年至二年之间(1190—1191),是范成大重游虎丘时所作。《剑池》描绘了虎丘著名古迹"剑池"的景观,表达了诗人追求清静的心态。

首句"石罅泓渟剑气潜"正面描绘剑池的面貌。剑池本来就是一道狭深的石缝,这句诗的意思是剑池的水非常深冷,下面似乎还潜藏着凛然的剑气,给人一种森然肃穆的感觉。

"谁将楼阁苦庄严",却不知是谁在剑池的西北面建起了一座楼阁,并且还苦心地为其建筑寺塔、装饰佛像。这里说的其实是虎丘塔,即云岩寺塔。传说虎丘塔始建于隋文帝仁寿元年(601),木塔建成后不久就被毁。后周显德六年(959)再次修建,北宋建隆二年(961)完工,又多次遭遇火灾,后被修复。虎丘塔建成后,吸引了大量的香客、游人。"谁将"二字,并不是简单的询问,而是隐含了诗人的责怪之意。

最后两句"只知暖热游人眼,不道苍藤翠木嫌"乃题旨所在。意思是剑池如今成为吸引游人眼球的名胜古迹,却不知剑池周围的苍藤翠木对于这种热闹的景象极其厌烦。诗人借苍藤翠木之口,表达了对虎丘剑池游人如织的热闹景象的嫌弃,寄托了诗人追求清净的心态。

题夫差①庙

纵敌稽山祸已胎②,垂涎上国更荒哉③。
不知养虎自遗患④,只道求鱼无后灾⑤。
梦见梧桐生后圃,眼看麋鹿上高台⑥。
千龄只有忠臣恨,化作涛江雪浪堆⑦。

【注释】

① 夫差:春秋时期吴国末代国君,阖闾之子,前495年—前473年在位。

② 稽山:会稽山的省称。胎,指埋下祸根。春秋时期吴王阖闾击败越王允常,允常的儿子勾践击败阖闾复仇,阖闾的儿子夫差又击败越国,在会稽困住勾践。勾践用美人、宝器等向吴国求和,夫差答应了,放勾践归国。首句即指吴国在夫差放勾践出会稽时就已经种下了灭亡的祸根,暗讽南宋与金议和。

③ 上国:春秋时称中原各诸侯国为上国,与吴楚诸国相对而言。此指齐国、鲁国。此处指夫差倾全国之力北伐齐国,暗指金国垂涎宋,不自量力。

④ 养虎自遗患:比喻纵容敌人,自留后患。此句典出《史

记·项羽本纪》:刘邦想要西归,张良、陈平劝刘邦说,汉军已经占据中国大半,项羽军队兵败粮尽,是天要灭楚,汉军应该趁机收复楚地,如果不攻打,就是"养虎自遗患"。此句照应前面的夫差纵敌归国。

⑤ 求鱼:典出《孟子·梁惠王上》:"以若所为求若所欲,犹缘木而求鱼也……缘木求鱼,虽不得鱼,无后灾。以若(顺)所为求若所欲,尽心力而为之,后必有灾。"意思是指梁惠王的方法失当,好比爬到树上去找鱼,是不可能成功的,爬到树上去找鱼,虽然不能成功,却没有大害,而国家一旦方针失误,就会招来大灾难。这句照应"垂涎上国"。

⑥ "麋鹿……"句,伍子胥用"臣今见麋鹿游姑苏之台也!"规劝吴王,后以"麋鹿游""麋鹿高台"等比喻繁华之地变为荒凉之所,暗示国家沦亡。

⑦ 忠臣:指伍子胥。《吴越春秋·夫差内传》:伍子胥死后,吴王用鸱夷之器(酒器)将伍子胥的尸体装起来,投到江中,伍子胥因此变成潮神,江涛澎湃汹怒,代表伍子胥精灵不死,称为"胥潮"。

【赏析】

这是一首咏史诗,作于范成大归隐石湖后的淳熙十四年(1187)。该诗题为《题夫差庙》,显然是咏吴王夫差旧事。作者列举吴王夫差为政的多项错误做法,不仅暗讽宋高宗不能汲取历史教训,反而重蹈覆辙,同时还表达了对于忠臣良将惨遭杀害的沉痛之情。

首联"纵敌稽山祸已胎,垂涎上国更荒哉",开篇直言不讳,抒写了夫差治国、出军的两次失误,而正是这两次重大失误,最终招致了吴国的灭亡。一次是"纵敌稽山",指夫差接受勾践的美女宝器,不仅不杀勾践,反而放勾践归国。二是"垂涎上国",夫差不顾大臣反对,北上伐齐,争霸诸侯。前者种下了亡国的祸根,兴兵伐齐则直接导致吴国兵力空虚,被越趁机所灭。诗人以"更荒哉"三字给夫差以严厉的批判,并引出下文。

领联"不知养虎自遗患,只道求鱼无后灾"分别承接一、二两句,直接道明其危害所在。"养虎自遗患",用刘邦典故,指放勾践归越。夫差没有像刘邦灭项羽一样乘胜灭越,反而放虎归山,致使越国东山又起,反灭了吴国,不是养虎遗患又是什么?"只道求鱼无后灾"是就夫差伐齐而言。夫差想要称霸诸侯,这本没有什么错,错在他用错了方法。北上伐齐,远线征战,不仅造成士兵疲惫,且造成境内兵力空虚,使越国有机可乘,最终夫差不但没能达到称霸目的,反而国亡身死。可见国家大政方针出现失误,可比缘木求鱼严重得多。"不知"和"只道"与前句呼应,强烈讽刺了夫差的愚昧荒唐。

领联"梦见梧桐生后圃,眼看麋鹿上高台"仍然是用典,不过所述事件又与前四句不同,这里用了与夫差相关的两个典故,这两个典故都通过两位忠臣之口预示了吴国的灭亡。当然,这两位忠臣都惨遭吴王杀害。其一是公孙圣。故事是说夫差兴兵伐齐,出齐门过姑苏台时,日间竟睡着了,并做了个梦。梦见后花园生出了一棵梧桐树,于是就让太宰伯嚭占卜吉凶。伯嚭为人好大喜功,且贪财好色,他解释梧桐为"乐府鼓声也",认为是战争吉兆。夫差又问公孙圣,公孙圣解释说"与死人俱藏",是大凶之兆,并劝谏夫差不要伐齐。夫差杀了公孙圣,一意孤行,结果大败而归。其二则是伍子胥。伍子胥规劝吴王夫差,夫差不听,伍子胥就说:"臣今见麋鹿游姑苏之台也!"夫差后来赐死了伍子胥。不幸的是,吴国果然灭亡。由"梦见"而"眼看",吴国的灭亡已成为既定事实,也昭示了这两句的因果关系:正因为吴王听信谗言,残杀忠臣,他最终也招致了自身的灭亡。

尾联"千龄只有忠臣恨,化作涛江雪浪堆!"伍子胥自刎后,夫差命人用鸱夷革盛伍子胥尸体投到江中,伍子胥遂化为潮神,随流扬波,依潮来往。千百年来,那汹涌澎湃的滔天巨浪真似忠臣的遗恨所化,直让后世叹惋。

咏史的目的往往在伤今,范成大所处的时代,北宋亡国,南宋偏安,奸臣当道,忠臣冤死,范成大通过对夫差所作所为的尖锐批判,曲折表达了对南宋统治者荒淫误国的讽刺以及对南宋忠臣遭谗杀的不平。

范成大此诗句句用典、句句批判,充满着对吴王乃至宋高宗等"国君"的赤裸裸批判与指责,自然与儒家传统"为尊者讳""乐而不淫,哀而不伤"温柔敦厚的诗教有别,但这恰恰是其精神和思想所在。宋诗重理,范成大也用精辟的典故体现了这一特点。

石 湖 词

范成大本有词200余阕,今多有散佚,存109阕。内容丰富,有抒写艳情爱情的,表达羁旅伤别之情的,有描绘田园隐逸生活,表现报国忧愤之情的,自然也有抒写节令民俗的,反映求仙访道的,各个方面都有涉及。这些词艺术上"清空绮丽,兼而有之","跌宕分流,都归于雅",风格多样,而以典雅著称。

水调歌头 燕山九日作①

万里汉家使,双节②照清秋。旧京行遍,中夜呼禹济黄流③。寥落桑榆④西北,无限太行⑤紫翠,相伴过芦沟⑥。岁晚客多病,风露冷貂裘⑦。　对重九⑧,须烂醉,莫牢愁⑨。黄花为我,一笑不管鬓霜羞。袖里天书咫尺⑩,眼底关河百二⑪,歌罢此生浮。惟有平安信,随雁到南州。

【注释】

① 燕山:宋宣和四年改燕京为燕山府。后以指燕京,即今北京市。乾道六年(1170),诗人奉命出使金国,为改变受

书礼仪和索取"陵寝"事与金国交涉,期间慷慨抗节,几近被杀,本词即写于其出使期间。

② 双节:使节出行时的仪仗。

③ 禹:与尧、舜齐名的贤圣帝王,曾治理黄河,划定中国九州版图。黄流:黄河。

④ 桑榆:指桑干河(永定河)和榆关(山海关)。

⑤ 太行:太行山,在山西高原与河北平原间,从东北向西南延伸。北起拒马河谷,南至晋豫边境黄河沿岸。西缓东陡,受河流切割,多横谷,为东西交通孔道,古有"太行八陉"之称。

⑥ 芦沟:即永定河,上有卢沟桥,在燕京(今北京)西南。

⑦ 貂裘:貂皮制成的衣裘。

⑧ 重九:农历九月九日为重阳节。

⑨ 牢愁:忧愁,犹豫。诗人在当时所作绝句《燕宾馆》自注中说"至是适以重阳,伴使把菊酌酒相劝"。

⑩ 天书:南宋至金国的国书。咫尺:形容距离近。

⑪ 关河:关山隘口、河流大川。百二:以二敌百;一说百的一倍。比喻山河险固之地。

【赏析】

这是一首使金词,根据小序"燕山九日作",推测该词应当作于乾道六年(1170)农历九月初九重阳节,与其诗作《燕宾馆》同时。范成大出使金国,此时已经到达金国都城燕京,词人回忆了使金途中的荒凉冷落,抒发了因重阳佳节生发的思乡之愁,更表达了其视死如归、坚决完成使命的无畏精神。

上片主要写使金行程,即词人出淮后由汴梁一路向北直到燕京,描写了北方的景物和寒冷的气候,以及词人渴望收复失地、统一祖国的愿望。

开篇四句是范成大不远万里出使异域,行至故都汴梁时的所感所想。"万里汉家使,双节照清秋。""汉家使",指范成大自己。古人以汉为正统,往往自称汉家,这里其实是指宋朝使节。作为大宋的使臣,词人不远万里,在清秋季节终于来到旧时都城汴梁。"旧京行遍,中夜呼禹济黄流",词人在汴梁夜不成寐,想到曾在此治水开疆、奠定华夏版图的大禹,呼唤有像大禹一样的英雄,能带领大家渡过黄河,抗击外侮、收复失地。

"寥落桑榆西北,无限太行紫翠,相伴过芦沟",冷清寂寥的北方要塞,苍翠的太行山脉,伴我走过永定河,来到了金国都城燕京。此句写词人离开汴梁继续北上的路程。"岁晚客多病,风露冷貂裘",词人到了燕京之后,想到自己客居他乡,老病缠身,身上的貂裘似乎也抵挡不住北方的寒冷。其实这时范成大才45岁,正值壮年,词作这么写,突出了作者不远万里离开家乡,孤身犯险,尤感孤单凄冷的心境。

下片抒写佳节思乡之情,联想到自身的处境,想到尚未完成的使命,作者在感伤中又表现出一种视死如归的精神。

"对重九,须烂醉,莫牵愁。黄花为我,一笑不管鬓霜羞",从词前小序可知,范成大该词作于重阳佳节来临之时。重阳节,按旧时习俗,当与家人团聚,登高赏菊花,畅饮美酒。这里词人却身居境外,面对重阳,只能一醉解千愁。"黄花为我,一笑不管鬓霜羞",颇显旷达心境,词人想着如今年华渐老,满头白发,却功业无成,颇感羞愧,然而菊花并不关心这些,它依然亲近词人,安然地伫立在词人的华发之上。

"袖里天书咫尺,眼底关河百二,歌罢此生浮":此刻我袖中装着国书,眼底望着北方的险要关卡,写完这首词,完成使命,浮生便没有遗憾了。这部分表现了词人视死如归的坚定决心。

"惟有平安信,随雁到南州",指报平安的家书随大雁到了临安,再次表达了词人对故乡的思念。

该词内容丰富,感情真挚,风格悲壮,表现了词人视死如归完成使命的决心与勇气。全词分上下两片,上片写一路行至燕京的所见所感,下片写到达燕京之后的所思所想,结构整饬,语言有力,表达了诗人强烈的爱国之心。

眼儿媚

萍乡①道中乍晴,卧舆中困甚,小憩柳塘。

酣酣日脚紫烟浮②,妍暖破轻裘③。因人天色,醉人花气,午梦扶头。 春慵④恰似春塘水,一片縠纹⑤愁。溶溶泄泄⑥,东风无力,欲皱还休。

【注释】

① 萍乡:今江西萍乡市。

② 酣酣:饮酒酣畅的样子,此处形容睡眠深沉甜美。日脚:太阳穿过云隙射下来的光线。

③ 妍暖:晴朗暖和。轻裘:轻暖的皮衣。

④ 春慵:春天的懒散情绪。

⑤ 縠纹:绉纱似的皱纹,比喻水的波纹。

⑥ 溶溶:波浪起伏,水流盛大的样子。泄泄:水流迟缓的样子。

【赏析】

这首词作于宋孝宗乾道九年(1173),范成大出知静江府(广西桂林)途中,过江西萍乡泊萍实驿时。当时正值初春,词前小序交代了这首词的创作背景:"萍乡道中乍晴,卧舆中困甚,小憩柳塘。"即经过萍乡时,天气突然转晴,词人感到非常困乏,便停车柳塘边,小睡了一会儿。这首词就是他醒来后的即景抒情之作,作者借词中主人公之眼,描绘了柳塘边温软秀丽的初春美景,并抒写其慵懒情态及淡淡哀愁。

"酣酣日脚紫烟浮,妍暖破轻裘",词一开篇即描绘初春天气放晴时的景色及给人带来的感受。主人公从酣畅甜蜜睡梦中醒来,就看到太阳穿透云层,氤氲蒸腾起紫色的烟雾,美不胜收。天气放晴,周身暖洋洋,连身上轻暖的皮衣都穿不住了,这无疑预示着春天的到来。"紫烟浮",描绘了太阳照射下烟雾升腾的迷蒙景象,又照应主人公午睡初醒的迷蒙状态,非常形象。

"困人天气,醉人花底,午梦扶头。"这句照应小序中的"小憩柳塘",所谓"春困秋乏",天气一转暖,人就容易犯困,何况在如此醉人的花香下,午梦醒来,更是让人有种昏沉迷蒙之感,不由得用手撑着脑袋。此句由远而近,由景及人,细致形象地描绘了主人公小憩初醒的状态。

如果说词的上片主要写初春的实景,那么下片则细致地描绘了主人公午睡初醒的慵懒之态及淡淡春愁。词与诗不同,宋词多为代言体,代"美人"言情,而且喜欢描绘主人公的"慵懒病态之美"。"春慵恰似春塘水,一片縠纹愁","春慵""春愁"是非常抽象的情绪,不如实景容易表现,该词却能做到"以实写虚",运用比喻,将春慵比作眼前的一汪春塘水,微风拂过,吹起一片绉纱似的波纹。此句与晚唐李璟"风乍起,吹皱一池春水"有异曲同工之妙。

"溶溶泄泄,东风无力,欲皱还休",这种波纹还随着波浪起伏不定,因为春风过于微弱,因此波纹也时有时无,"欲皱还休",可见这春慵、春愁非常的轻淡,若有似无,别有滋味,似乎与词人此时离家知静江府的淡淡忧伤暗合。

范成大在此词中不仅描写了初春天气初晴温软美丽的景观,表现了主人公慵懒哀愁的情态,同时还寄寓了词人出知静江远离家乡的些微迷茫与淡淡哀伤,运用移情笔法,以景传情,以实写虚,体现了高超的艺术技巧。

惜分飞

易散浮云难再聚,遮莫①相随百步。谁唤行人去?石湖烟浪渔樵侣②。　　重别西楼肠断否?多少凄风苦雨。休梦江南路,路长梦短无寻处。

【注释】

① 遮莫:尽管、任凭。
② 渔樵:渔人和樵夫。渔樵侣,此指隐居隐士。

【赏析】

这是一首羁旅伤别词,具体创作年代已不可考,按其内容应该作于范成大仕宦后期。词人由于为官原因,经常离家,宦游各方。这首词描写了宦游之人的离别之情和思乡之感。

上片写离别的场面。"易散浮云难再聚,遮莫相随百步",作品开头直抒胸臆,用"浮云"点明了词中主人公的游子身份。借浮云容易被风吹散而难以再聚,说明离别的容易与相聚的艰难。也正因如此,送别之人才情不自禁地"相随百步"。然而即便再舍不得,再拼命相随,离别终究会到来。

"谁唤行人去?"作者用一反问句表怨别之情。面对如此凄凉的场面,谁忍心呼唤行人离去呢?"石湖烟浪渔樵侣",暗指范成大心心念念的隐居生活,也代指词人前阶段的生活状态,词人隐居石湖,与烟波水浪为伍,与渔夫、樵夫为侣,亲近自然,自由自在。这是词人毕生追求的理想生活,可是现在他却要告别石湖,继续宦游异地,心中的伤感自然不言而喻。

下片写别后的心境。"重别西楼肠断否?多少风雨。"又是深情一问,"重别",指再次离别,表离别之多。范成大一生"北使幽燕,南至桂广,西入巴蜀,东薄郧海",足迹遍布中国,可以说是"谙尽离别滋味",其《水调歌头》有"细数十年事,十处过中秋",可见别离之多。如今又一次在西楼别过,怎能让人不肠断魂销呢?更何况,离开家乡之后的境遇想来也乐观不到哪儿,"多少凄风苦雨",未来的路途中,还不知道要经历多少风雨。此句不仅抒写别后的伤感,更有对未来宦游生活的迷茫与无助。

最后以对行人的规劝结尾,"休梦江南路,路长梦短无寻处",告诫行人最好不要"梦回江南",为什么呢?梦中归家本来是件值得欣喜的事,无奈回家的路很长,梦却很短,路还没走完,梦就醒了,一切都烟消云散,那时不是更凄凉无奈吗?该句虽然是白描,也没有生动的景物描写,然而词人通过梦里梦外、梦短路长的对比,将思念家乡的凄凉心境展露无遗。

该词风格婉转、深情,写尽离家思乡之苦。其"休梦江南路,路长梦短无寻处",与晏几道"秉烛夜阑,又疑梦里"(《三登乐》)笔法相似,可以说继承了小晏"浓挚深婉"的抒情风格。

南柯子

怅望梅花驿①,凝情杜若洲②。香云③低处有高楼。可惜高楼、不近木兰舟。　　缄素双鱼远④,题红⑤片叶秋。欲凭江水寄离愁。江已东流、那肯更西流。

【注释】

① 梅花驿:驿站的美称。

②杜若：香草名。杜若洲也是洲的美称。

③香云：美好的云，祥云。

④缄素：古人用缣帛作书，后因之称书信为"缄素"。双鱼，语典出自汉乐府《饮马长城窟行》："客从远方来，遗我双鲤鱼。呼儿烹鲤鱼，中有尺素书。"后以双鱼代指书信。

⑤题红：指红叶题诗。唐玄宗时顾况于上苑中，坐流水上，得大梧叶，上有题诗云："一入深宫里，年年不见春。聊题一片叶，寄与有情人。"顾况也在叶上题诗与之反复唱和互诉幽情。（事见唐孟棨《本事诗·情感》）后世遂以红叶题诗代指情人书信往来。

【赏析】

这是一首典型的"代言体"爱情词，是范成大的得意之作，抒发了情人间的离愁别绪。全词分上下两阕，词人用清丽幽远的笔触创作出了一曲动人的恋歌。

上片主要写游子，"怅望梅花驿，凝情杜若洲"，上句化用了陆凯赠范晔诗："折梅逢驿使，寄与陇头人。江南无所有，聊赠一枝春。"用梅花代指恋人的消息。"杜若"，旧时常被用以赠给远行之人。"梅花驿""杜若洲"，都指恋人的信息，是词中游子的寄情之所。"怅望""凝情"抒发了游子身处异地他乡的惆怅无奈及对家中爱人的深情思念。

"香云低处有高楼。可惜高楼、不近木兰舟"承接上句，写游子的眼前之景。他看到高高的祥云之下矗立着一座高楼，这个"高楼"就是恋人所居之处。"木兰舟"，精致小巧的船，代指行人漂泊之处。作者以"小舟"远离"高楼"喻指游子远离家乡无法与家中的恋人相会，幽幽的愁绪笼罩在游子的心头。

下片对面落笔，写思妇。"缄素双鱼远，题红片叶秋"，这里用了"鲤鱼传书"及"红叶题诗"两个典故，意思是家中的爱人因思念游子而不得,也想效仿古人用鲤鱼传书、题红叶以传情,本想通过书信一解相思之苦,可是连鱼儿、红叶都无从得到。

"欲凭江水寄离愁。江已东流、那肯更西流",想让江水带去自己的思念之情,然而行人西去,江水东流,哪肯回流?自己的满腔情感最终无以为寄,心中的无奈、痛苦之情更是难以言说。与上片相比,词中女子的感情显得更加急切、炽热。

该词上下两片,一写游子,一写思妇,前后呼应,结构严谨,如同情人间的脉脉诉说。化用数个典故而不着痕迹,也没有滞涩之感,显示了词人高深的艺术修养。

念奴娇 和徐尉游石湖①

湖山如画,系孤篷②柳岸,莫惊鱼鸟。料峭③春寒花未遍,先共疏梅索笑④。一梦三年,松风依旧,萝月⑤何曾老。邻家相问:这回真个归到? 绿鬓新点吴霜⑥,尊前强健,不怕衰翁号。赖有风流车马客⑦,来觅香云花岛。似我粗豪,不通姓字,只要银瓶⑧倒。奔名逐利,乱帆谁在天表⑨?

【注释】

① 尉:古代武官名。徐尉,名徐似道,字渊子,浙江黄岩人,乾道八年(1172)为吴县尉范成大曾荐举他在朝为官。石湖:湖名,范成大晚年隐居之处。

② 孤篷:孤舟,一种小篷船。

③ 料峭:形容天气寒冷。

④ 索笑:逗乐、取笑。

⑤ 萝月:藤萝间的明月。

⑥ 绿鬓:浓黑的鬓发。吴霜:吴地的霜雪,比喻白发。

⑦ 赖:依靠、凭借。风流:风雅潇洒、洒脱放逸。车马

客：乘坐马车的客人,比喻贵客。

⑧ 银瓶:酒瓶。

⑨ 天表:天外。

【赏析】

这首词作于乾道八年春,是范成大对徐似道的一首和词,表现了词人对石湖家居生活的眷恋及对官场名利生活的厌倦。

词的上阕主要写景,描绘了故乡石湖不变的美景,并隐含着回归故乡的喜悦之情。"湖山如画,系孤篷柳岸,莫惊鱼鸟",开篇写景,词人与友人游完石湖,将小船系在杨柳岸边,看着美丽如画的湖山景色,不由得万分珍惜,小心翼翼地不去惊动岸边的鱼鸟,不愿意打破这里的宁静祥和。

"料峭春寒花未遍,先共疏梅索笑"承接上句,继续写眼前之景,由于是初春,天气尚寒,还有好多花没开,只好先欣赏那疏疏落落的梅花逗乐了。这两句写得非常传神,词人出游,尽管没有遇见百花盛开的最好时候,即便只能看到稀稀疏疏的梅花,但依然不减内心的欢喜。

"一梦三年,松风依旧,萝月何曾老。邻家相问:这回真个归到?"揭示了词人如此欢喜的原因。范成大自乾道二年开始在家乡经营石湖别墅,乾道四年知处州,后出使金国,乾道七年再次回到家乡,这时三年已过,所以这里提到"一梦三年",指归家的美梦一做就是三年,如今终于回来了。多年过去,这里的松风依然是原来的样子,藤萝间的明月又何曾变老?乡邻们听说词人归家,纷纷前来相问:这次是真的回来了吧?这既是邻人询问,也是词人借邻人之口自问:这次真的能不走了吗?

下阕主要抒情,既表达了词人对年华老去及身心不能自主的苦闷和疏狂,同时也表现了诗人对家乡生活的眷恋及对追名逐利的官场生活的厌倦。

"绿鬓新点吴霜,尊前强健,不怕衰翁号。赖有风流车马客,来觅香云花岛",这几句是承接上阕家乡景物未变而写:家乡的很多景物还是原来的样子,但是我慢慢变老了,原本乌黑的头发已经渐渐染上了白霜,而且还生出新的白发,所幸的是身体依然强健,还能豪迈地饮酒,也不担心被人称为"衰翁"。也幸亏还有风雅的贵客们来石湖寻觅香云花岛,顺便与我交往。

"似我粗豪,不通姓字,只要银瓶倒",像我这样豪爽粗鄙的人,你们见了,也不需要先互通姓名,只要一起倾杯饮酒,一醉方休即可。这几句表现了词人的豪爽疏狂之态。

结尾"奔名逐利,乱帆谁在天表?"为了追名逐利,又是谁乘着帆船在天外纷乱地游荡呢?这里的"谁",其实也包括身不由己的词人自己。此次范成大归乡,其实是带着知静江府(桂林)的任命的,词人不就近说在"京城"追名逐利,却说在"天表",更是隐含了对未来宦游生活的无奈和厌倦。

这首词借游石湖,写了石湖安静平和的美景,写了邻里间的淳朴感情,更写了词人常年宦游、身不由己的无奈,而且在无奈中又略带疏狂之态,是范成大石湖词的重要代表。

朝中措

身闲身健是生涯①,何况好年华②?看了十分秋月,重阳更插黄花。　消磨③景物,瓦盆社酿④,石鼎⑤山茶。饱吃红莲香饭⑥,侬家⑦便是仙家。

【注释】

① 生涯:指生命、人生。

②年华：这里指时光、岁月。

③消磨：此指消遣，打发时光。

④社酿：指秋社日的美酒。社：这里指秋社，立秋后的第五个戊日。

⑤石鼎：陶制的烹茶用具。

⑥红莲香饭：指吴地特有的用红莲稻煮的米饭。

⑦侬家：吴地方言，指"我家"。

【赏析】

这是一首有田园风格的闲适词，约作于范成大退隐石湖赋闲家中之时，抒发了词人归隐田园的生活状态及对闲居生活的由衷喜爱。

"身闲身健是生涯，何况好年华？"开篇就是词人历经风雨后体悟到的人生哲理：身体健康、自在闲适就是美满的人生，何况是遇见这么好的清秋时光呢？表达了词人对于退居生活的欣喜之情。回顾范成大的一生，生于战乱，父母早逝，早期为了生计辗转漂泊，为官后又宦游大半中国，范成大不只一次在诗歌中表达其对退隐归乡，自由自在生活的渴望，如今总算实现，这怎能不令他感动和欣慰呢？

"看了十分秋月，重阳更插黄花"，具体描绘退隐后的闲逸自在时光。刚在中秋节欣赏了圆满的秋月，就又迎来了重阳节，更是插满了一头的黄花。古时候有中秋赏月、重阳登高赏菊的习俗。为表达豪放豁达、不拘礼俗的姿态，诗人笔下的重阳节经常写到菊花插满头的景象。此处范成大化用杜牧《九日齐山登高》"尘世难逢开口笑，菊花须插满头归"句意，表达了其自在放达的心境。

下片同样写词人如何消遣时光，只是描述得更加细致、更贴近生活。"消磨景物，瓦盆社酿，石鼎山茶。饱吃红莲香饭，侬家便是仙家"，空闲的时候就着瓦盆畅饮社日准备的美酒佳酿，品一品石鼎中烹煮的山茶，饿的时候能随时吃到用家乡的红莲米煮的香喷喷的米饭，这样的日子跟神仙也没什么区别了。"侬家便是仙家"，更是对自己闲居生活的至高礼赞——神仙居所也不过如此了！

　　这首词，用清丽流畅的语言表达了词人对于远离官场及世俗纷扰，闲居田园生活的由衷喜爱，用简淡之笔描绘了词人赏月、赏花、饮酒、品茶的惬意生活，既没有华丽的辞藻，也没有曲折的结构安排，词风却清丽脱俗，悠闲自在，是范成大闲适词的典型代表。

石 湖 文

范成大现存赋10篇,奏表、疏论、札子、简书、序跋、游记、铭赞、碑文等共计200余篇,都是从其他文学总集中辑得,反映了他对于历史、地理、政治、民俗、文学等多方面的见解。另外,范成大还留下《揽辔录》《骖鸾录》《吴船录》三部游记,《桂海虞衡志》《吴郡志》两部方志,《范村梅谱》《范村菊谱》两部植物学著作,当中也不乏优秀的文章。现以《馆娃宫赋》《重九泛石湖记》两篇为例,略作赏析。

馆娃宫赋 并序

灵严山寺①,故吴馆娃宫也。山上下闲台别馆之迹,髣髴可考。余少常游焉,感遗事而赋之。

汹②西山之南奔,势郁葎其巉空③;若大敌之在前,忽踞虎而跧龙④;半紫崖而砥平⑤,访馆娃之故宫。是为逸王⑥之旧游,有墟国之遗恫焉⑦。嗟乎汏⑧哉!愎贤胥之忠告⑨,巽阴豑之诐说⑩;暗养虎之后患⑪,纵处女使兔脱⑫;迨尝胆之谋成⑬,骇疽囊之溃裂⑭。盖自有以贾祸⑮,非天为之孽。方其衔哀茹痛⑯,抆⑰

泪饮血;俨拂士于前庭⑱,克⑲三年而报越;讫⑳甘心而一快,夫何初志之英发!及其见栖于姑苏㉑,遽雌伏而大坏㉒!

【注释】

① 灵岩山:在苏州西南木渎,山上多奇石,有灵岩寺。

② 汹:水势腾涌的样子,这里形容山势连绵起伏。

③ 巁(lǜ):形容山峰高耸之势。巉空:兀立空中。

④ 踞:蹲坐。跧:蜷伏。

⑤ 砥平:平直、平坦。砥,细磨石,形容岩石像磨刀石一样平。

⑥ 逸王:骄奢淫逸的王公,指吴王夫差。

⑦ 墟国:指吴国被灭,宫殿化为废墟。遗恫:遗留给人的伤痛。

⑧ 汰:通"泰",骄泰,骄奢。

⑨ 愎:任性,执拗,拒绝别人的意见。胥:伍子胥。

⑩ 巽(xùn):同"逊"。引申为听从。嚭(pǐ):吴太宰伯嚭。詖(bì)说:谗佞之辞。

⑪ 暗:愚昧,不明白。此句意思是夫差不明白养虎遗患的道理,放了勾践。

⑫ 此句指让勾践得以逃脱。《孙子·九地篇》:"是故始如处女,敌人开户;后如脱兔,敌不及拒。"此句即为此意。

⑬ 迨(dài):等到。尝胆之谋:指勾践被赦回国后,为复国而卧薪尝胆。

⑭ 此句意思是害怕得就像身上的脓包破裂一样。

⑮ 贾祸:招致灾祸。

⑯ 衔哀:心怀哀伤。茹痛:忍受痛苦。此句是指公元前496年吴王阖闾被越王勾践打败去世,夫差继位时心怀哀伤,忍受痛苦,发誓复仇之事。

⑰ 抆(wěn):擦拭。

⑱俨：尊敬。拂（bì）士：拂，同"弼"，辅助。拂士，辅佐的贤士。

⑲克：能够。

⑳讫：了结。

㉑此句指公元前473年越军攻破吴都城，吴王夫差率残部逃往姑苏山。

㉒遽：害怕、恐慌。雌伏：退藏不进。

援宿恩而乞怜㉓，或赦图于臣罪㉔。当是之时，又何其悫也！韪㉕祸福之无门，曷㉖今愚而昨贤。后千载之嗤点㉗，莫不钟咎于婵娟㉘。固尤物之移人㉙，抑犹有可得而言。

【注释】

㉓此句指夫差以当年不杀勾践之恩乞求勾践的宽恕。

㉔此句意思是：或许能得到赦免，像当年勾践那样当一名罪臣。

㉕韪：正确的。

㉖曷：为什么。

㉗嗤点：耻笑、指点。

㉘钟咎：归罪。婵娟：美女，此指西施。

㉙此句意思是：美女固然可以改变一个人的志向。

盖尝观于若人㉚矣，好大而欲速，厌常而弃旧。狃会稽之得意㉛，谓周鼎其唾手㉜；闯齐楚以朵颐㉝，睨陈蔡而骧首㉞。道其远而疾驱，气已馁而犹斗。外未宁而内忧，东略之而西否㉟。阻关河以顿兵，撤墙屋而致寇。亟归视其四封㊱，蔑㊲一夫之能守，是犹螳螂之慕蝉，不知黄雀之议其后也㊳。然以蕞尔之族㊴，衡行㊵四方；攻靡坚郭㊶，战无距行㊷；事便时利，如径㊸乎无人之乡。

【注释】

㉚ 若人：那个人。指夫差。

㉛ 狃(niǔ)，满足于。会稽之得意：指公元前494年，在吴越之战中，夫差大败越军，致使越国濒于灭亡，得以为父报仇雪耻之事。

㉜ 轻而易举地称霸天下。周鼎：古代象征国家权力的重器。

㉝ 齐、楚：春秋国名。朵颐：鼓动腮颊嚼食的样子，引申为向往、羡馋。

㉞ 睨：窥视。陈、蔡：春秋国名。骧首：昂首，比喻意气奋发。

㉟ 此句意思是：夺了东而丢了西。略，同"掠"。

㊱ 四封：四境。

㊲ 蔑：无。

㊳ 此两句引用"螳螂捕蝉，黄雀在后"的典故。

㊴ 蕞尔之族：少量的兵力。蕞(zuì)尔：微小。

㊵ 衡行：横行。

㊶ 靡：无。坚郭：坚固的防御城墙。郭(fú)：外城。

㊷ 距行(háng)：抵御的行阵。距：同"拒"。

㊸ 径：通过、经过。

惜也未闻大道，宜其逸乐而志荒。次㊹有台池，宿有嫔嫱㊺，左携修明，右抚夷光㊻；粲二八以前列㊼，咸绝世而浩倡㊽。嗟浣纱之彼姝㊾，乃独系于兴亡。荡龙舟之水嬉，撷香径之春芳；载夕阳以俱还，秉游烛于夜长，渑金钟之千石㊿，仿酒池于旧商㊿；歌吴歈㊿而楚舞，荐㊿万寿于君王。怅㊿星河之易翻，嘉来日之未央㊿。铮铜壶之鸣悲㊿，烂急烽之森芒㊿；惨梧宫之生愁，践桐梦之不祥㊿。欷高陵与深谷㊿，委盛丽于苍茫(60)。所谓玉槛铜沟(61),朱帘椒房(62);理镜之轩(63),响屧之廊(64)。杳烟芜与露蔓(65),纷日暮之牛羊。况捧心之百媚(66),濯粉之余妆者哉(67)!

【注释】

㊹ 次:止息、停留。

㊺ 嫔嫱:泛指宫妃。

㊻ 修明:越国美女名。夷光:西施。

㊼ 粲:光艳夺目。二八:十六岁的妙龄女子。

㊽ 浩倡:放声高歌。

㊾ 姝:美女。这里特指西施。

㊿ 滟:水波荡漾。金钟:酒器。石(dàn):容量单位。

(51) 此句意思是:吴王夫差整日沉湎于酒色,一如"酒池肉林"的商纣王。

(52) 吴歈(yú):吴地的歌曲。

(53) 荐:献。

(54) 怅:失意的样子。意思是为星河隐没、白日到来而感到失意。可以理解为通宵纵情作乐还嫌夜短。

(55) 嘉:赞美。未央:未尽。

(56) 铮:像声词,铜铁之器撞击、摩擦的声音。此句意思是:铜壶铮然作响,其声悲凄。

(57) 森芒:本指树木枝叶繁茂,这里指烽火连绵不断。此句似用周幽王烽火戏诸侯的典故。

(58) 此两句的意思是:现在吴宫的惨状正好应验了吴王夫差的梦。据《吴越春秋》载,夫差梦见两个铁犁深耕他的宫墙,占梦者认为这是不祥之梦。夫差北上伐齐,过姑苏台时也做了个梦,梦见前园生出了一棵梧桐树,公孙圣认为此梦是"与死人俱藏",是大凶之兆。梧宫:战国时齐国宫殿名,借指王宫。

(59) 欻(xū)：忽然。此句意思是：突然发生了天翻地覆的变化。

(60) 委：跟随。这句是说当年盛极美好的人事物象都已化为乌有。

(61) 玉槛：指精致华美的栏杆。铜沟：铜铸的沟渠。南朝梁任昉《述异记》卷上：吴王于宫中"作馆娃阁，铜沟玉槛"。

(62) 椒房：泛指后妃居住的地方。

(63) 理镜之轩：对镜理妆的屋室。

(64) 屧(xiè)：木屐。响屧之廊，馆娃宫的廊名。范成大《吴郡志·古迹》："相传吴王令西施辈步屧，廊虚而响，故名。"

(65) 杳：幽暗。烟芜、露蔓：均指荒野中的杂草。

(66) 捧心之百媚：借西子捧心的典故，指美女之病态愈增其妍。

(67) 濯粉之余妆：泛指浓妆淡抹的宫女。

今则云雨之巅，仙圣是宅(68)。砚沼莼浮(69)，琴台松崛；封古藓于井甃(70)，宿暗芳于洞穴；木鲸(71)吼以清厉，金磬(72)隐其萧瑟。彼方外(73)之徒，龟藏而蠖屈者(74)，又安知往古与来今？方枯禅而缚律(75)，翩鸿影之拂坐，见前山之衔石。

【注释】

(68) 仙圣是宅：出世超俗者的居所。

(69) 砚沼：馆娃宫内的池名。灵岩山又叫砚石山，砚沼即砚池。莼：多年生水生植物，可食用。

(70) 甃(zhòu)：井壁。

(71) 木鲸：木制的形如鲸鱼状的钟锤。这里指钟。

(72) 磬：古代打击乐器。

(73) 方外：世俗之外。

⑭龟藏：乌龟遇危险时便将头尾和四足缩入甲壳中以避害。蠖：一种幼虫，行动时自体一屈一伸。蠖屈比喻屈身退隐之人。

⑮枯禅：佛教徒称静坐参禅为枯禅。缚律：为佛门戒律所束缚。

【赏析】

《馆娃宫赋》是范成大的早期作品。该赋由描写灵岩山苍翠雄峻的景色入手，点出了馆娃宫的历史地位，并由此切入对吴国兴亡的感慨。吴国曾经兴盛，大败越国，然又迅速衰亡，原因主要在于吴王夫差宠信奸佞，刚愎自用，沉溺声色，骄奢淫逸，"逸乐而志荒"，最终国破身死。馆娃宫这座昔日辉煌富丽的宫殿，如今也沦为香烟缭绕的佛寺，不见昔日红粉眉黛，但闻木鲸金磬之声，清厉萧瑟。

馆娃宫在吴都城附近的灵岩山上，相传是吴王夫差为西施所筑之宫室。馆娃宫映照着一个国家的兴亡历史，关联着一个朝代的腥风血雨，由此常为历代文人所题咏。唐代末年，黄滔曾作《馆娃宫赋》，慨叹"舞榭歌台，朝为宫而暮为沼；英风霸业，古人失而今人惊"。范成大身为吴地人，又非常关注国家兴亡，关心国计民生，曾多次游览故地，并不时吟咏。

就思想内容而言，范成大此赋吊古讽今，目的是借吴国兴亡盛衰的历史教训讽喻南宋朝廷，为南宋统治者贪图享乐、不思进取的做法敲响警钟。在此赋当中，作者并没有过多地责怪西施，而认为后世论者将吴国的灭亡归咎于一位女子（西施）是有失偏颇的。美人确实能"移人"，乱人心智，但吴国灭亡主要还是吴王夫差造成的。他刚愎自用，弃用孤忠有谋略的旧臣，选用奸佞；他好大喜功，纵虎归山（放勾践归越），看不到国家的内忧外患，还妄图北上伐齐，雄霸中原，殊不知"螳螂捕蝉，黄雀在后"；生活上他更是骄奢淫逸，修建宫室楼台,沉溺于声色美人,"逸乐而志荒",这些才是最终导致吴国灭亡的原因。

其一,作者善于熔铺叙、议论、抒情于一炉,运用多种表现手法揭示作品主题。此赋虽名《馆娃宫赋》,但诗人并未浓笔重墨地描绘巍峨的宫阙池台,而是由此引出与吴王夫差相关的多个历史事件,分析议论,抒发感慨。他驳斥了美人误国的传统观点,而将目光集中在吴王的做法和态度上,分析"好大而欲速,厌常而弃旧","逸乐而志荒"才是导致吴国由盛转衰的最根本原因。另外,作者还用较多篇幅描写馆娃宫的富丽秀美及吴王在宫中歌舞升平的宴乐生活,极尽铺陈之能事,最后运笔至今,描绘了南宋时馆娃宫沦为僧人居所的最终命运,在写景中抒发感慨,令人不胜唏嘘。

其二,作者善于运用对比手法营造气氛。赋中既有前后景色的对比,又有今昔对比,如昔日富丽秀美的宫殿如今沦为荒凉古寺,昔日吴王三年越的成功与如今国亡身死的对比。这些对比,让该赋的主题更为突出,悲剧的意味更为浓重。

其三,在结构上这篇赋舍弃了传统的赋作主客问答、平铺直叙的写法,而是由现实景观写起,继而转入对吴国兴衰的分析评议,最后又回到现实,并对比古今宫殿的富丽与荒凉,抒发感慨,全篇前呼后应,跌宕起伏。

《馆娃宫赋》是一篇咏史巨著,然而作者分析评论历史人物、历史事件的最终目的是为了谏今,他希望南宋朝廷能够吸取历史教训,心怀大志,选贤任能,最终带领国家走向强盛,因为贪图逸乐、骄奢淫逸最终会导致国家覆亡。

重九泛石湖记淳熙六年九月

淳熙己亥重九①,与客自阊门②泛舟,径横塘,宿雾一白,垂垂欲雨。至彩云桥③,氛翳豁然④,晴日满空,风景闲美,无不与人意。会四郊刈熟⑤,露积如缭垣⑥,田家妇子着新衣,略有节物⑦。挂帆溯越来溪⑧,源收渊澄⑨,如行波黎地上。菱花虽瘦,尚可采。舣棹⑩石湖,扣紫荆,坐千岩观下。菊之丛中,大金钱⑪一种已烂漫浓香,正午,熏入酒杯,不待轰饮⑫,已有醉意。其傍丹桂二亩,皆盛开,多栾枝⑬,芳气尤不可耐。

携壶度石梁,登姑苏后台⑭,跻攀⑮勇往,谢去巾舆筇杖⑯石棱草滑,皆若飞步。山顶正平,有坳堂⑰藓石可列坐,相传为吴故宫闲台别馆所在。其前湖光接松陵⑱,独见孤塔之尖。尖少北,点墨一螺为昆山。其后西山⑲竞秀,萦青丛碧,与洞庭、林屋相宾⑳。大约目力逾百里,具登高临远之胜。

始,余使虏㉑,是日过燕山馆㉒,尝赋《水调》,首句云:"万里汉家使。"后每自和。桂林云:"万里汉都护。"成都云:"万里桥边客。"明年,徘徊药市,颇叹倦游,不复再赋,但有诗云:"年来厌把三边酒,此去休哦万里词。"今年幸甚,获归故园,偕邻曲㉓二三子,酬酢㉔佳节于乡山之上,乃复用旧韵,首句云:"万里吴船舶,归访菊篱秋。"

【注释】

① 己亥:天干地支系年,即淳熙六年(1179)。重九:重阳节,农历九月初九。

② 阊门:城门名。在苏州市城西。古时阊门一带是苏州最繁华的商业区之一。

③ 彩云桥:位于今苏州市郊横塘,跨越京杭大运河,为苏州最有名的古桥之一。

④ 氛翳：阴霾之气。豁然：开阔的样子；开朗。

⑤ 刈熟：收割庄稼。熟：此处指成熟的庄稼。

⑥ 缭垣：围墙。

⑦ 节物：节令中的事物、景物。

⑧ 溯：逆流而上。越来溪，在今苏州西南，是越王过攻打吴国时连夜开凿的水道。

⑨ 源收渊澄：大水已过，水流平缓，澄澈如镜。

⑩ 舣棹：小船，这里指停舟上岸。

⑪ 大金钱：菊花的一种。

⑫ 轰饮：酣饮。

⑬ 栾枝：栾通李，此指成双成对生的桂枝。

⑭ 姑苏后台，即姑苏台，相传为吴王夫差为西施所筑。

⑮ 跻攀：攀登。

⑯ 舆：车子。筇杖：竹杖。

⑰ 坳堂：指堂上的低洼处。

⑱ 松陵：吴淞江的古称，为太湖支流三江之一，由苏州吴江区东流与黄浦江汇合，出吴淞口入海。

⑲ 西山：山名，因在太湖以西而名，与东山相对。

⑳ 洞庭：这里是太湖的别名。林屋：山名。道教十大洞天之一，在苏州市吴中区洞庭西山（古称包山）。周围四百里，号称"元神幽虚之洞天"。

㉑ 使虏：出使金国。

㉒ 燕山：宋宣和四年改燕京为燕山府。后以指燕京（今北京市）燕山馆，犹燕京使馆。

㉓ 邻曲：邻居、邻人。

㉔ 酬酢：主客相互敬酒，主敬客称酬，客还敬称酢。此指应酬交往。

【赏析】

这篇游记作于淳熙六年（1179）九月初九，重阳节。此时范成大罢参知政事，归隐石湖不到一年。文章以轻松的笔墨叙述了重阳佳节与邻人相携畅游石湖的情景。湖光山色，乡村美景，经过诗人妙笔略加点染，极富神韵，抒发了诗人厌倦官场，归隐石湖后的闲适自在心情。

石湖距离姑苏台仅半里，前面有越来溪，是勾践攻吴时连夜挖掘而成。范成大《吴郡志》说：越来溪在越城东南，与石湖通，溪流贯行春及越溪二桥以入横塘，清澈可鉴。可见，石湖曾经在历史上的战争中扮演重要角色。

这篇游记虽叫《重九泛石湖记》，然而对石湖的描写并不多，仅数句话"源收渊澄，如行波黎地上。菱花虽瘦，尚可采"，大量篇幅还是写作者在去石湖途中的所见所感，有横塘朦胧欲雨的景观，彩云桥的豁然开朗之境，途中田园风光之优美静谧等。另外，也详细描绘了作者游罢石湖上岸后，醉饮佳酿，赏菊、赏桂，登上姑苏台，眺望远方的情景。最后还追述往昔重阳节作者身居异地时候所写的诗词，即在燕山馆、桂林、成都时候所作的诗，经过对比，继而感慨："今年幸甚，获归故园"，表达了在重阳节谢绝尘世、归隐故乡的由衷喜悦。

全文用词简洁，感情真挚，短短数言便将作者对归隐生活的沉醉之态表达得淋漓尽致。之前，范成大还写过一篇《中秋泛石湖记》，篇幅更短，仿效苏轼《前赤壁赋》，一表潇洒、旷达之心境，但不如这篇文章出彩。这篇《重九游石湖记》将游湖、登高、赏菊等结合在一起，篇制短小而意蕴悠远绵长，值得细细品味。

重修行春桥①记

太湖日应咸池②,为东南水会,石湖其派也。吴台越垒③,对峙两涘④,危风高浪,襟带平楚⑤,吾州胜地莫加焉。石梁卧波,空水映发,所谓行春桥者,又据其会⑥。胥门⑦以西,横山⑧以东,往来憧憧⑨,如行图画间。凡游吴中而不至石湖,不登行春,则与未游无异。岁久桥坏,人且病涉⑩,向之万景,亦偃蹇若无所弹压⑪。过者为之叹息,豪有力之家,相过环视莫恤⑫,漫以委之官⑬。前令陈益、刘棠皆有意而弗果作。淳熙丁未冬,诸王孙赵侯至县,甫六旬⑭,问民所疾苦,则曰:"政孰先于徒杠舆梁者⑮?"乃下令治桥,补覆石之缺,易藉木⑯之腐,增为扶栏,中四周而旁两翼之,岁十二月鸠工⑰,讫于明年之四月。保伍⑱不知,公徒不预⑲。邑人来观,欢然落成而已。今天下仕者,视剧县如鼎沸⑳,屏气怵惕犹俱不蔇㉑。侯于此时,从容兴发,盖亦甚难,四乡之人,不能出力倾助者,至是始有愧心,则相与商略:他日将作亭其上,以憩㉒倦游者,尚庶几㉓见之。今姑识㉔治桥之岁月,亭成,将嗣㉕书云。侯名彦真,字德全,旧名彦能,隆兴元年进士擢第后改今名。桥成之明年日南至㉖资政殿学士通议大夫提举临安府洞霄宫范成大记。

【注释】

① 行春桥:在石湖北面,是一座九孔石拱桥,初建于宋。相传每逢农历八月十八,行春桥的每个桥洞中都能映出一个月亮,月影像串在一起,称为"石湖串月",观看"石湖串月"已成吴地民俗之一。

② 咸池:星宿名。这里是指太湖上禀咸池五车之气。

③ 吴台:指春秋吴王阖闾(一说夫差)所筑的姑苏台。越垒:越王勾践攻打吴国时修筑的军事堡垒。

④ 涘(sì):指湖边。

⑤ 平楚:平旷的原野。襟带:以……为衣襟腰带,意思

是拱卫、控制。

⑥ 会：指湖水汇聚之处。

⑦ 胥门：苏州八个古城门之一，在苏州城西。

⑧ 横山：山名，在今苏州市西南郊。

⑨ 憧憧：形容往来不绝的样子。

⑩ 病涉：苦于涉水渡川。

⑪ 偃蹇：困顿、艰难。弹压：是指将事物的面貌穷形极相地描绘出来。

⑫ 恤：体恤、怜悯。

⑬ 漫：姑且。委：托付，给。

⑭ 甫：刚刚。六旬：10日为一旬，六旬即60天。

⑮ 徒杠：供人行走的小桥。舆梁：供车马行走的桥梁。

⑯ 藉（jí）：藉木，指捆绑在一起的木头。

⑰ 鸠工：聚集工匠。

⑱ 保伍：古代民众以五家为一伍，又立保相统摄，因此用"保伍"泛指基层户籍编制。这里指编组在户籍单位中的邻里居民。

⑲ 公徒：指乡勇，乡兵。预：事先准备。

⑳ 剧县：大的县城。鼎沸：水流翻腾的样子。

㉑ 怵惕：惊惧，戒备。暨（jì）：及、至。

㉒ 憩（qì）：休息。

㉓ 庶几：或许可以，表示希望，期许。

㉔ 识（zhì）：记载。

㉕ 嗣（sì）：随后。

㉖ 日南至：指冬至日。夏至以后，太阳自北而南，冬至后，又自南而北，所以冬至日又称"日南至"谓自北而南来的太阳。

【赏析】

这篇文章作于宋孝宗淳熙十六年（1189），范成大晚年归隐石湖后。全文详细地叙述了重修行春桥的事迹,表达了作者对出资修桥的王孙赵彦真的赞扬,同时也批评了官场的不良风气。

此记虽然是为"修桥"而写,但范成大开篇并没有直接说修桥的事情,而是从太湖、石湖的地理位置,行春桥周围的风景及重要地位写起。太湖上禀咸池星的五车之气,是东南水流汇聚的地方。石湖是太湖的支流,周边有很多历史名胜,可以说是"吾州胜地"。而行春桥就建在石湖上,是胥门以西、横山以东行人车马往来的必经之处,不仅地理位置十分重要,而且风景如画:"石梁卧波,空水映发"——这座石桥静静地横卧在澄澈的水波上,天空与湖水相互映照,美丽极了。范成大盛赞石湖、行春桥:"凡游吴中而不至石湖,不登行春,则与未游无异。"可见行春桥在诗人心中的地位。

然而这么一座于历史名胜、于自然风景、于车马交通都非常重要的桥却坏了。不仅影响人们的日常出行,而且破坏了石湖的自然美景。可是说到修桥,也不是那么容易的事。地方士绅和官员相互推诿,最终因为种种原因不能成功。一直到王孙赵彦真到来后,才下令修桥。仅用了四个月,在许多民众还不知道的情况下,桥已经修好。对此,范成大自然是极力赞美,并将赵彦真与"视剧县如鼎沸"的普通官员对比,赞美了赵的从容不迫,并讽刺了其他官员小心翼翼害怕惹祸的心理及为官不作为的行事作风,从而大大升华了文章的思想内涵。

就艺术而言,作为一篇普通的"修桥记",作者能从太湖写到石湖,再到行春桥,从行春桥的重要性说起,然后过渡到桥坏,再到修桥,层层铺垫,过渡自然。同时,由修桥而引发作者对于官场、士绅的评议也有理有据,表达了作者对于为官施政的重要见解。同时,文章不仅盛赞了石湖和行春桥,也表达了作者对于故乡的深深热爱。

范成大书法

范成大的诗名在外,但对于作为书法家的范成大,知道的人并不多。范成大与陆游、朱熹、张孝祥被称为"南宋书法四大家"。范成大的书法温润典雅,俊伟清新,具有动态美,充满了生命力。

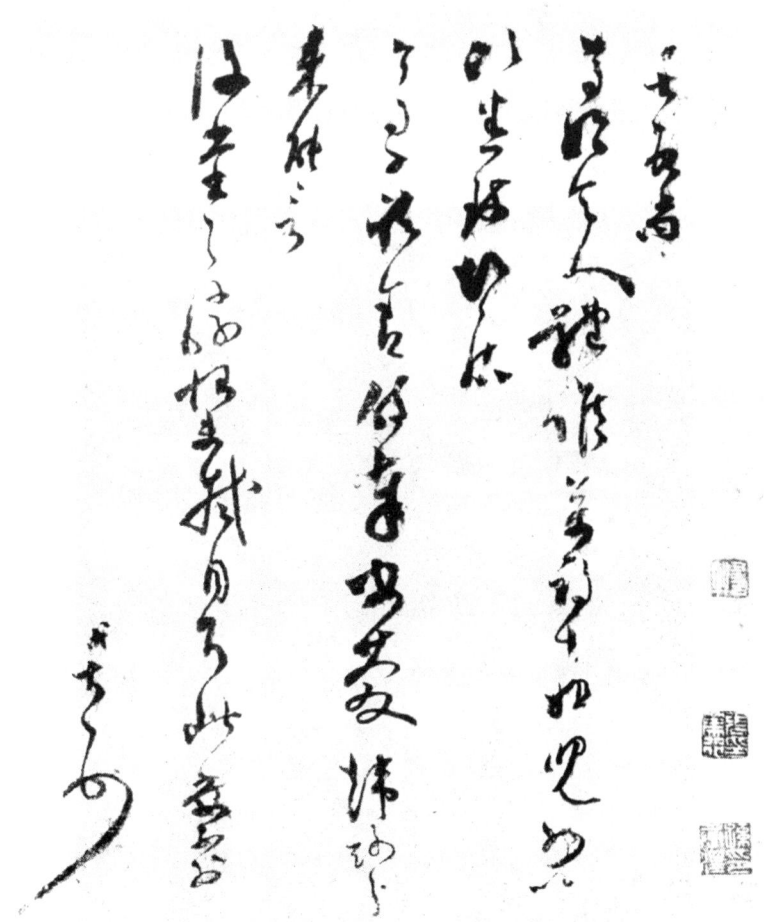

《尊妗帖》(台北故宫博物院藏)

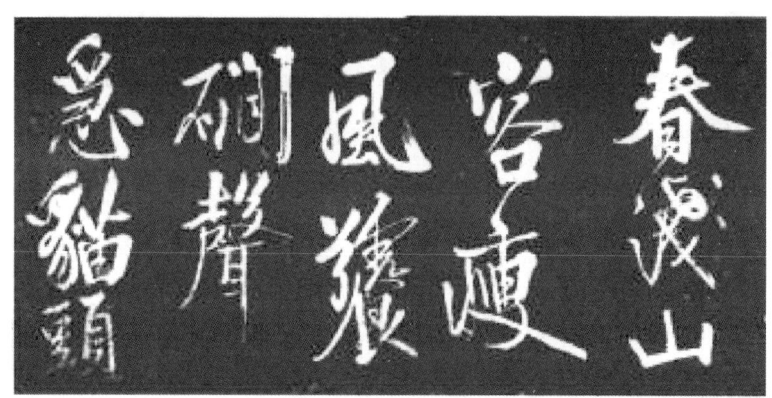

宋拓本《再游大仰五言诗并跋》(局部)(上海图书馆藏)

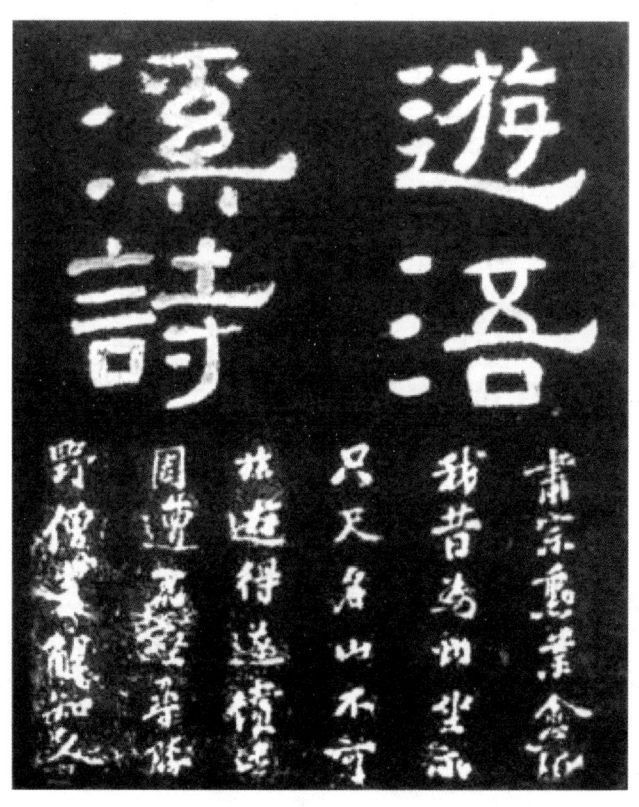

《浯溪题诗》摩崖石刻(在湖南祁阳浯溪碑林)

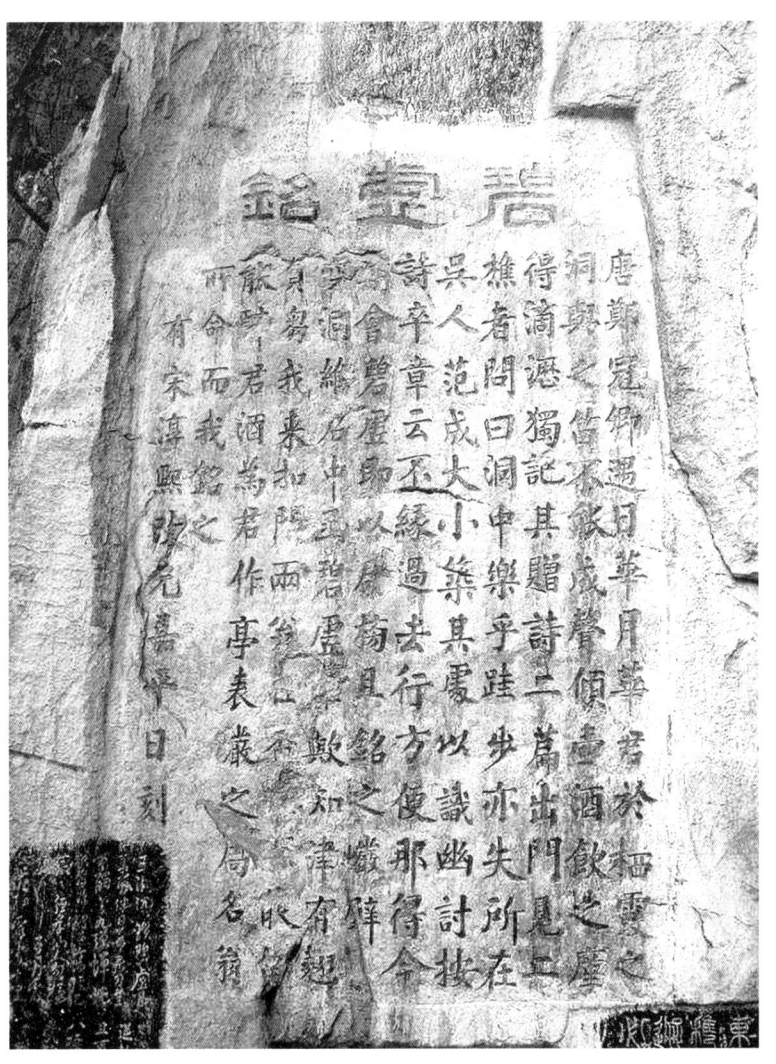

《碧虚铭》摩崖石刻（在今桂林市七星岩）

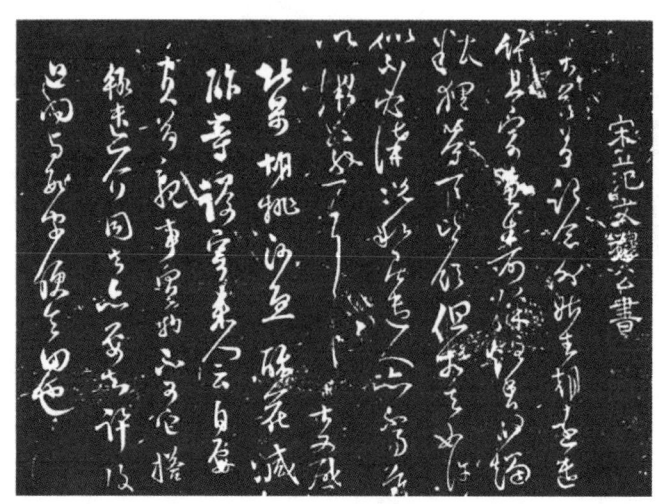

明拓本《兹荷记念札》(中国国家博物馆藏)

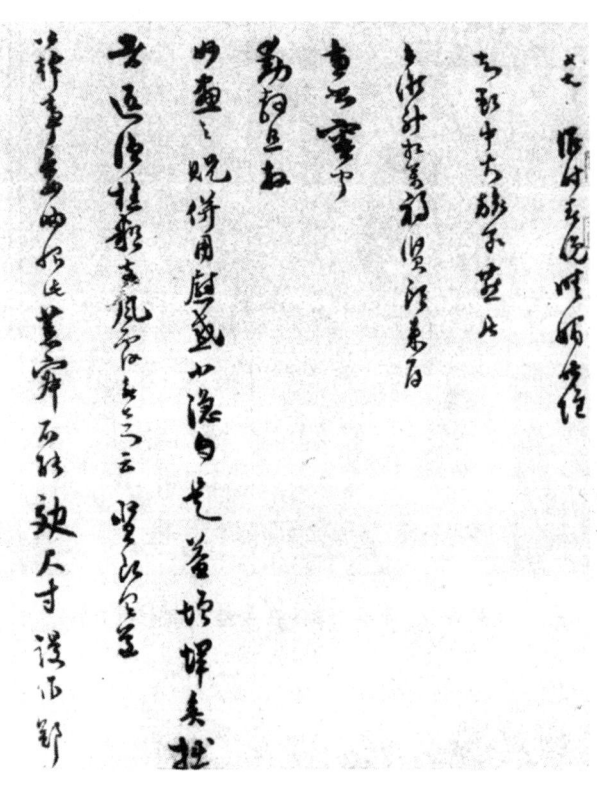

《春晚晴媚帖》(上海博物馆藏)

右北齊校書圖世傳閻立本曾直畫記登載甚詳此軸尚欠對榻七人當是逸去其半也諸人皆鉛槧文儒之䫉韓꠆胡床風俗之移久矣石湖居士題

《北齐校书图卷跋》（美国波士顿美术馆藏）

宋拓本《明州赠佛照禅师诗碑》(局部)(日本皇室宫内厅书陵部藏)

范成大从明州(宁波)转任金陵(南京)前曾游阿育王山,并书写四首七言绝句诗赠予佛照禅师。佛照禅师将诗刻成石碑。《明州赠佛照禅师诗碑》运笔浑厚有力,气势雄伟,是范成大晚年书法中的杰作。这份碑文的原迹已毁,不过日本京都东福寺的开山祖师圆尔辩圆在入宋求法期间曾得其拓本,后带回日本,原拓现藏于日本皇室宫内厅书陵部。

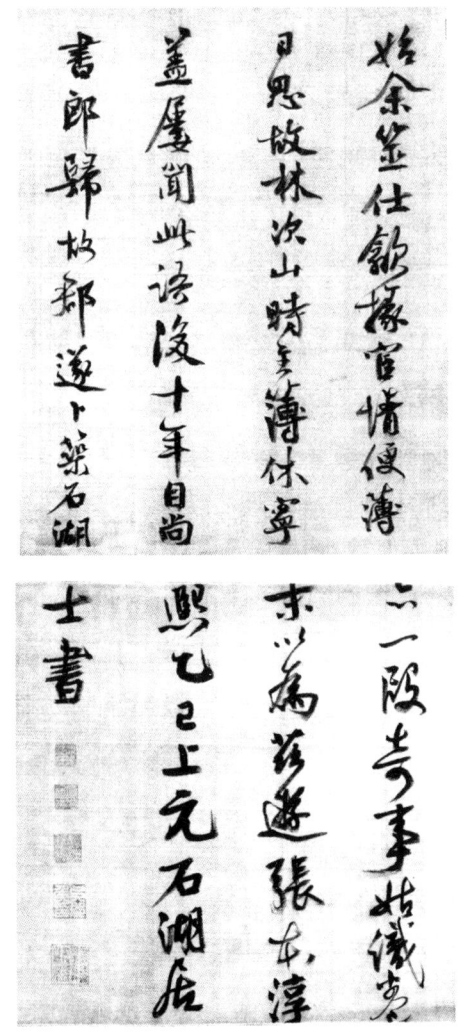

《西塞渔社图卷跋》(局部)(美国纽约大都会博物馆藏)

《西塞渔社图卷跋》中的西塞山是浙江省湖州市胜景,在湖州西郊10千米许。明万历《湖州府志》:"西塞山在湖州城西二十五里,有桃花坞,下有凡常湖,唐张志和游钓于此。"中唐诗人张志和写有《渔父》词:"西塞山前白鹭飞,桃花流水鳜鱼肥。青箬笠,绿蓑衣,斜风细雨不须归。"西塞山因此而闻名于世。南宋毗陵(今常州)太守、著名山水画家李结(次山)作《西塞渔社图卷》,并请挚友范成大、周必大等题跋。范成大于淳熙十二年(1185)题了290余字的长跋,中有"候桃花水生,扁舟西塞,烦主人买鱼沽酒,倚棹讴之"等语,书法用笔流畅自然,清新典雅。此题跋曾经由现代国画大师张大千收藏。

主要参考文献

(宋)范成大著,姜剑云、闫潇宏、毛桂香解评.范成大集[M].太原:山西古籍出版社,2010.

(宋)范成大撰,孔凡礼点校.范成大笔记六种[M].北京:中华书局,2003.

(宋)杨万里、范成大著,侯剑、陈光荣选注.杨万里范成大诗选[M].成都:巴蜀书社,2001.

(宋)范成大著,孔凡礼辑.范成大佚著辑存[M].北京:中华书局,1983.

(宋)范成大著,富寿荪标校.范石湖集[M].上海:上海古籍出版社,2006.

杨燕译注.古代文史名著选译丛书·范成大杨万里诗词选译[M].南京:凤凰出版社,2011.

于北山著.范成大年谱[M].上海:上海古籍出版社,2006.

孔凡礼著.范成大年谱[M].济南:齐鲁书社,1985.

洪文庆主编.书艺珍品赏析第5辑·陆游范成大[M].长沙:湖南美术出版社,2008.

方爱龙著.南宋书法史[M].上海:上海古籍出版

社,2008.

齐颖. 范成大纪行诗研究[D]. 华中师范大学,2016.

罗超华. 论范成大入、出蜀途中所作诗歌[J]. 四川文理学院学报,2013,(01):87-91.

马英菊. 范成大《石湖词》研究[D]. 湘潭大学,2010.

刘杰. 范成大田园诗研究[D]. 内蒙古师范大学,2010.

李芳. 范成大行旅诗研究[D]. 湖南科技大学,2009.

陈百华. 范成大"三录"之南宋社会研究[D]. 华中科技大学,2008.

韩喜芳. 范成大民俗诗研究[D]. 华中科技大学,2008.